Das verlorene Spiel des Stefan Zweig

2023

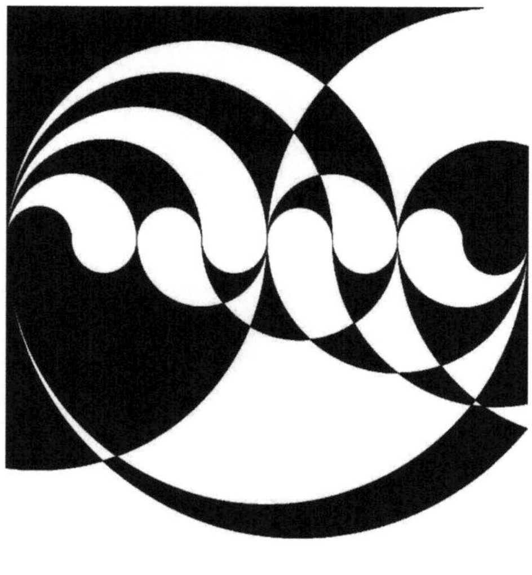

Das verlorene Spiel des Stefan Zweig

2023

Dieses Buch ist allen Schachliebhabern gewidmet, die sich diese Figuren überdimensional in Bronze gegossen in ihren Park stellen. Alternativ in Beton gearbeitet. Oder für denjenigen, die gern mit handlichen Figuren, ebenfalls aus Bronze, ihre Kämpfe auf dem Schachbrett ausfechten.

This book is dedicated to all chess lovers who put these figures oversized cast in bronze in their park. Alternatively worked in concrete. Or for those who like to fight their battles on the chessboard with handy figures, also made of bronze.

Bibliografische Information der Deutschen Nationalbibliothek: Die Deutsche Nationalbibliothek verzeichnet diese Publikation in der Deutschen Nationalbibliografie; detaillierte bibliografische Daten sind im Internet über dnb. dnb.de abrufbar.

Andreas Niederau-Kaiser

Herstellung und Verlag: BoD – Books on Demand, Norderstedt

ISBN: 9783758301841

Wenn das Schachspiel ein bedeutendes Kulturgut ist, ist der Krieg was?

Die Welt der Kultur und des Geistes gegen eine dumpfe, taube Selbsterhaltung der Macht und deren Expansionswillen?

Wer kämpft hier gegen wen?

Das Schachspiel stammt ursprünglich aus Indien und ist historisch gesehen eng mit militärischen Strategien verbunden. Die Bezeichnungen der Schachfiguren im Sanskrit deuten auf Kriegszustände hin.

König - "Raja" (राजा) - Der Herrscher oder König.

Minister - "Mantri" (मंत्री) - Der Berater oder Minister des Königs.

Kriegselefant - "Gaja" (गज) - Der Kriegselefant, der in alten Schlachten eingesetzt wurde.

Pferd - "Ashva" (अश्व) - Das Pferd, das im Krieg und im Schach als Reittier dient.

Streitwagen - "Ratha" (रथ) - Der Streitwagen, der von Königen und Generälen in Schlachten verwendet wurde.

Fußsoldat - "Padati" (पदाति) - Der Fußsoldat oder Infanterist.

Was sagt mir das?

Die Bezeichnungen spiegeln die historische Bedeutung und den Ursprung des Schachspiels als ein Instrument zur Schulung militärischer Strategien und Taktiken wider. Im Laufe der Zeit wurden diese Bezeichnungen in verschiedenen Ländern angepasst und übersetzt, aber die ursprünglichen Sanskrit-Bezeichnungen sind in vielen Regionen weiterhin gebräuchlich. Folglich aktuell und in Gebrauch.

Die Quintessenz jener Geschichte. Der Protagonist führt zur Selbsterhaltung in einem Krieg mit sich selbst Krieg. Folgend führt er dabei Krieg mit einem Kriegsbefürworter, der den Krieg für seine eigene Bereicherung nutzt und jemand, der dieses ganze Schauspiel beschreibt, sich in jenem Krieg nach Niederschrift des Geschehens selbst aus dem Spiel nimmt.

Ist das der tiefere Sinn des Schachspiels?

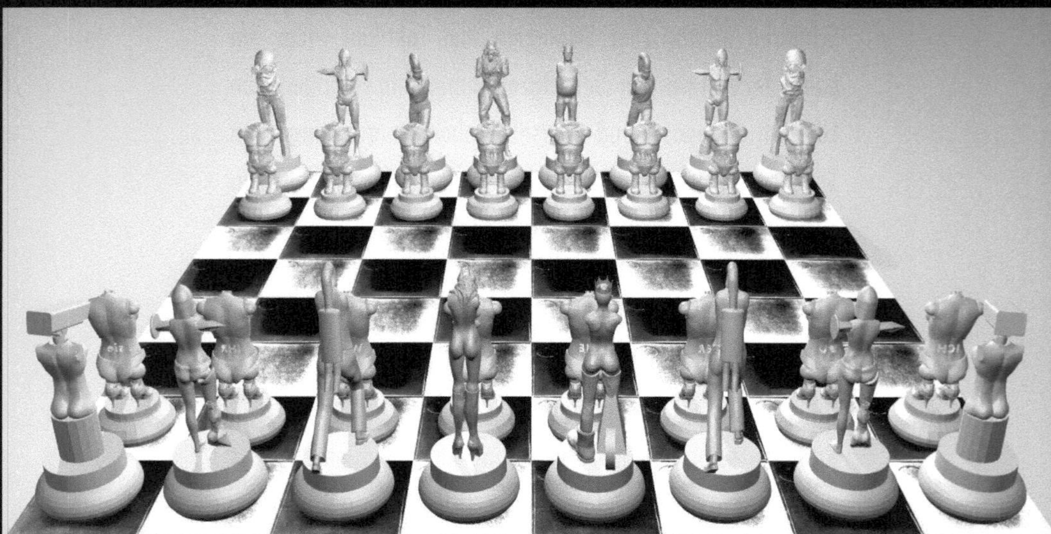

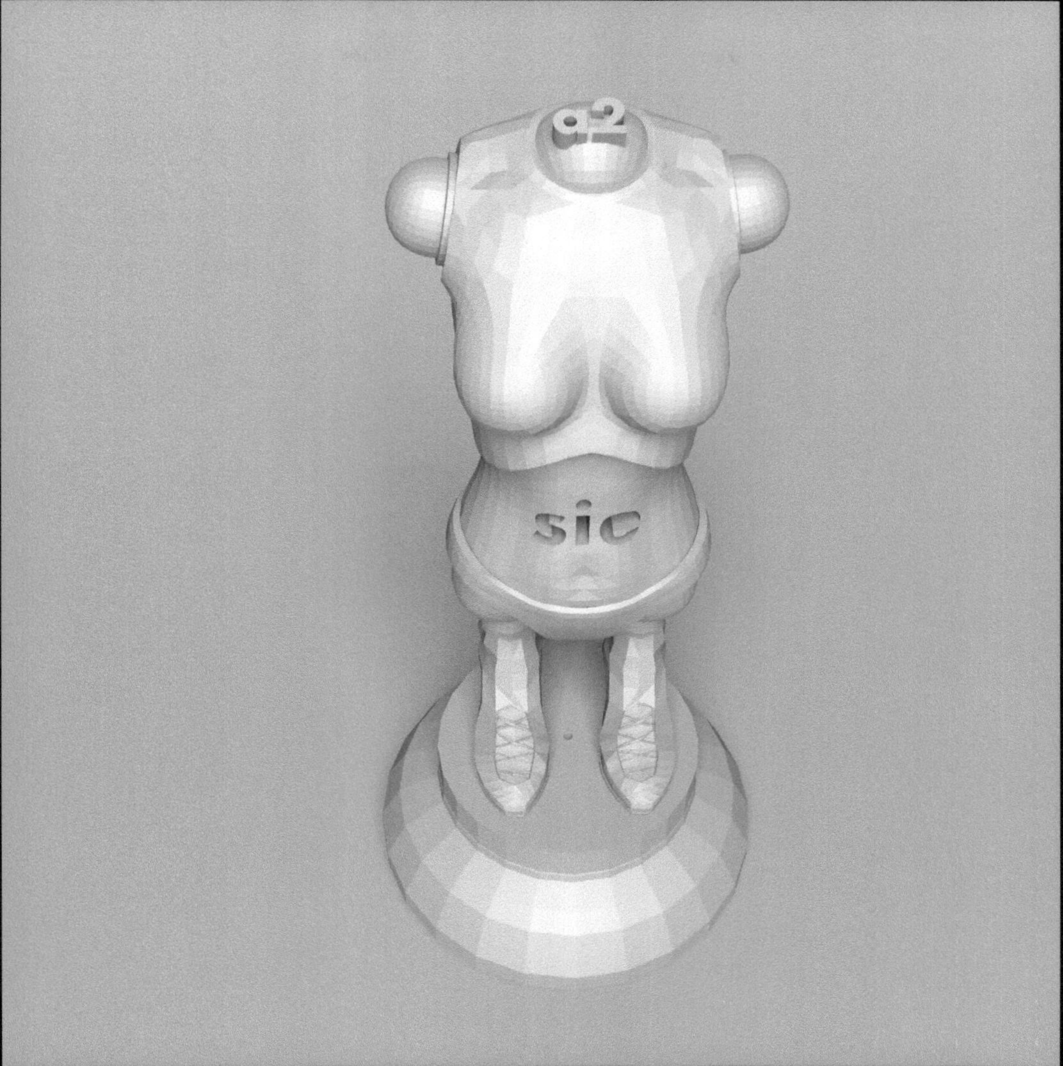
a2
sic

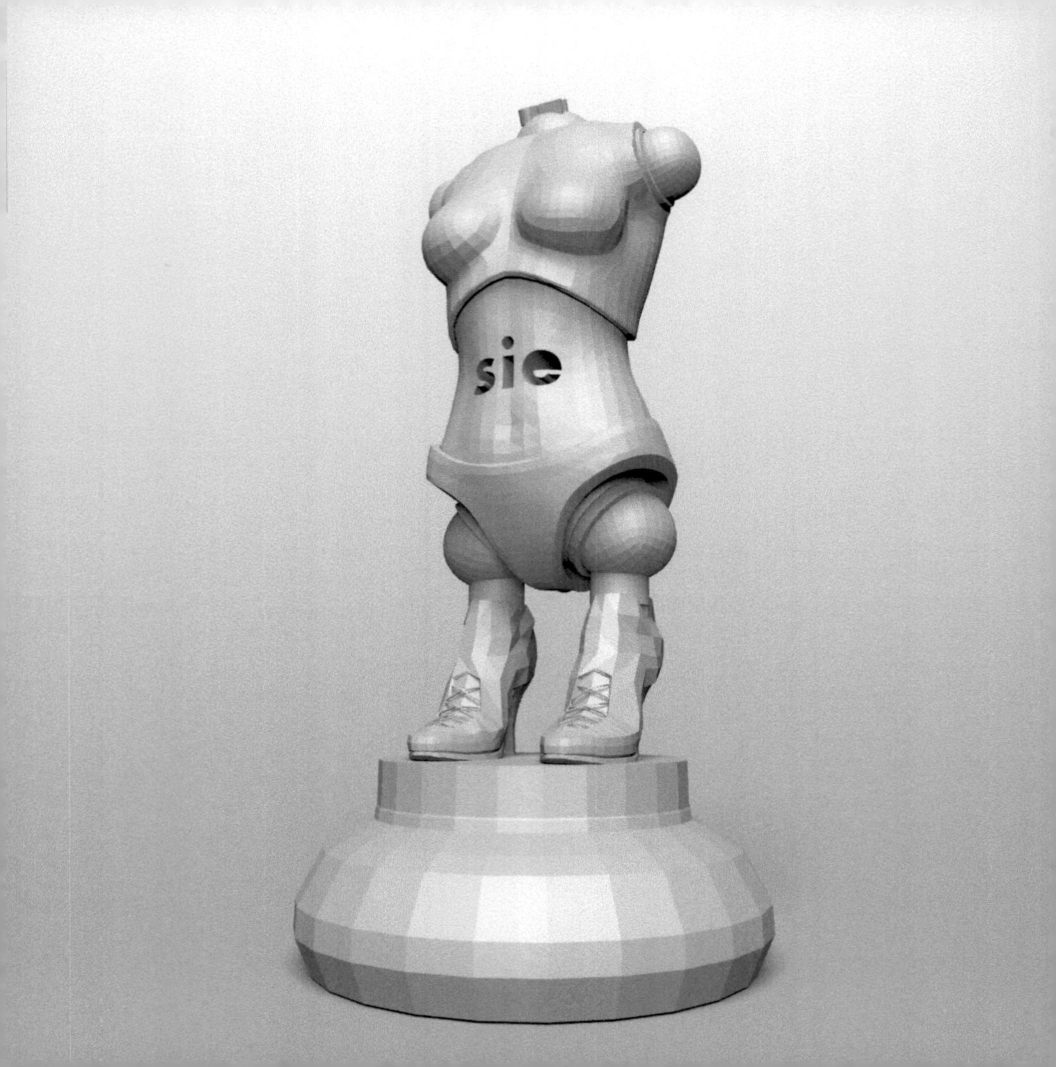
sie

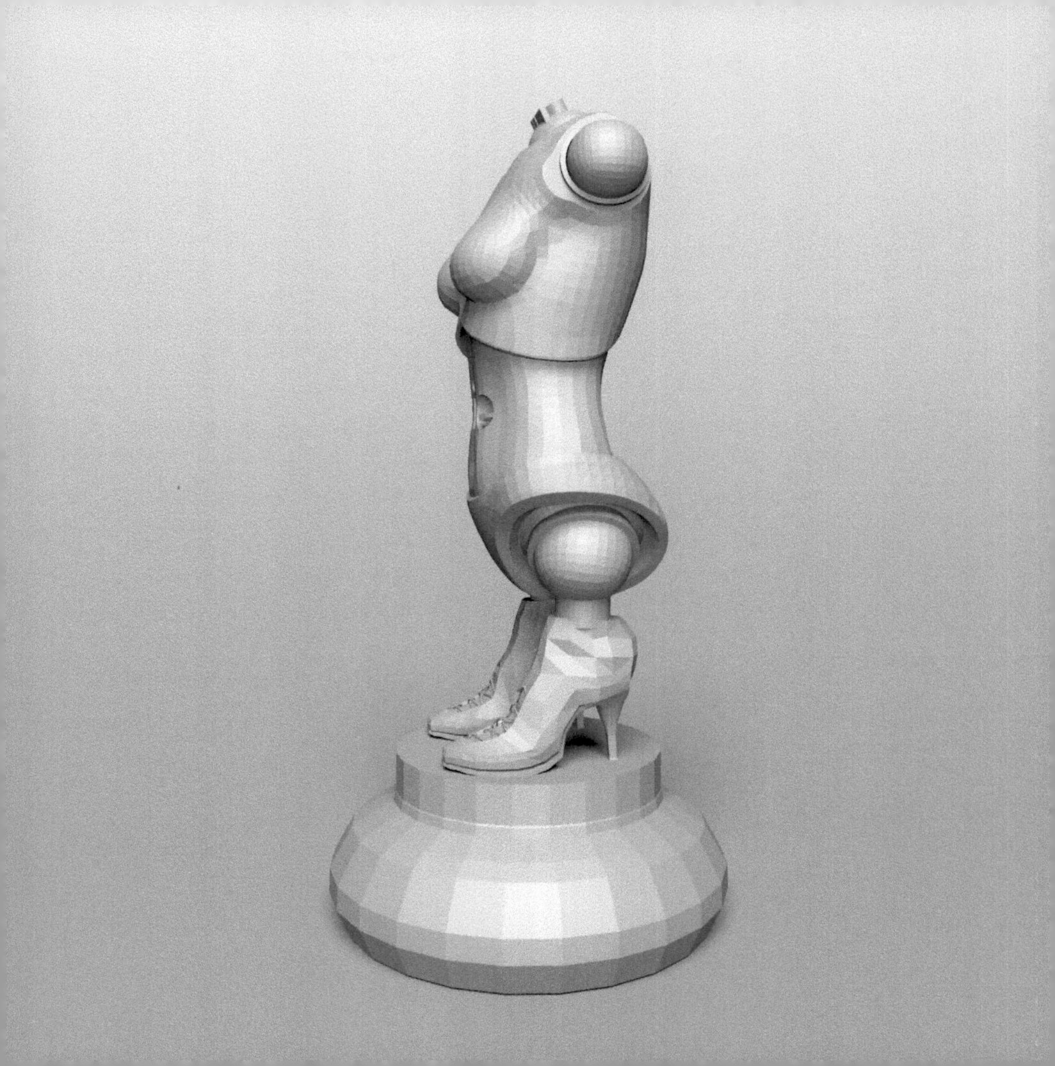

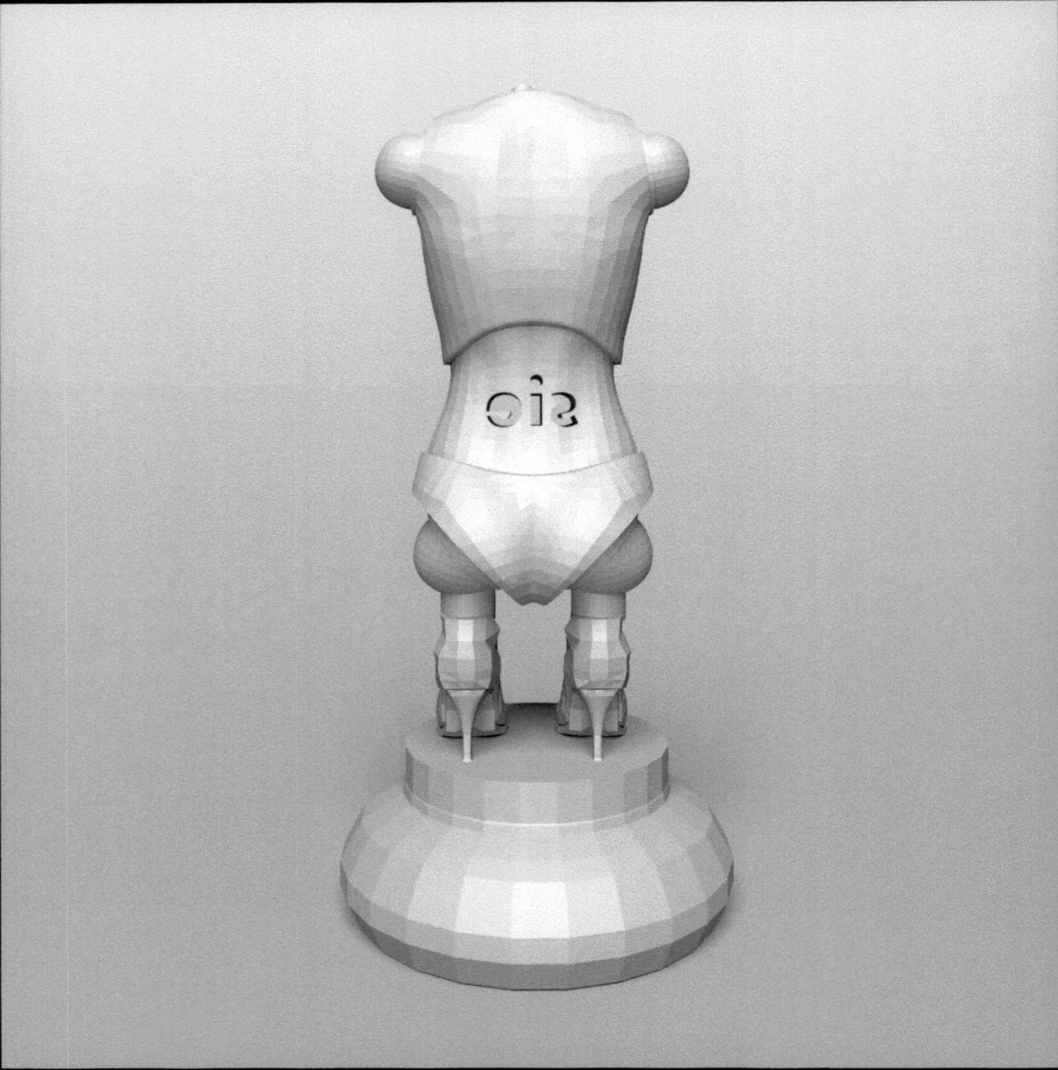

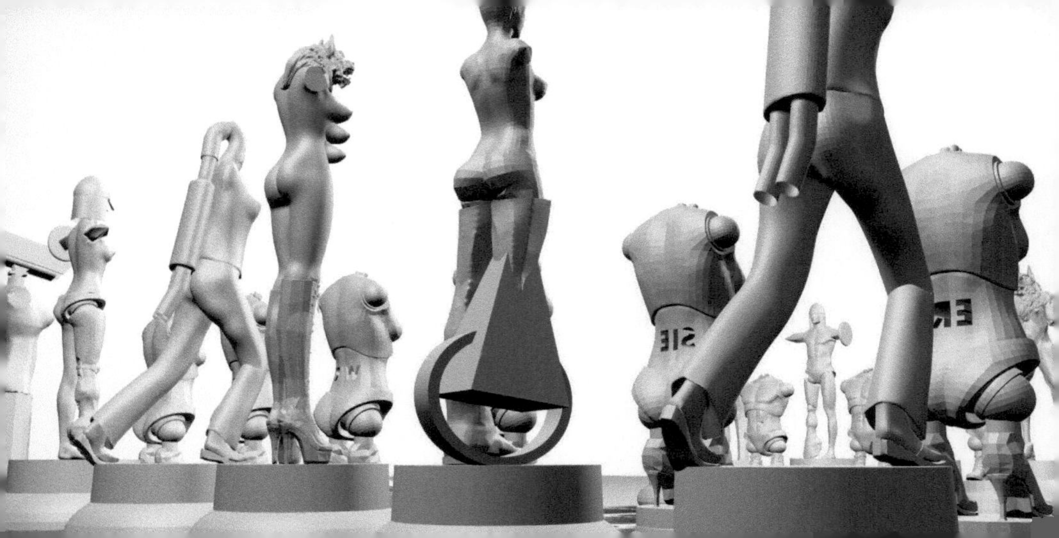

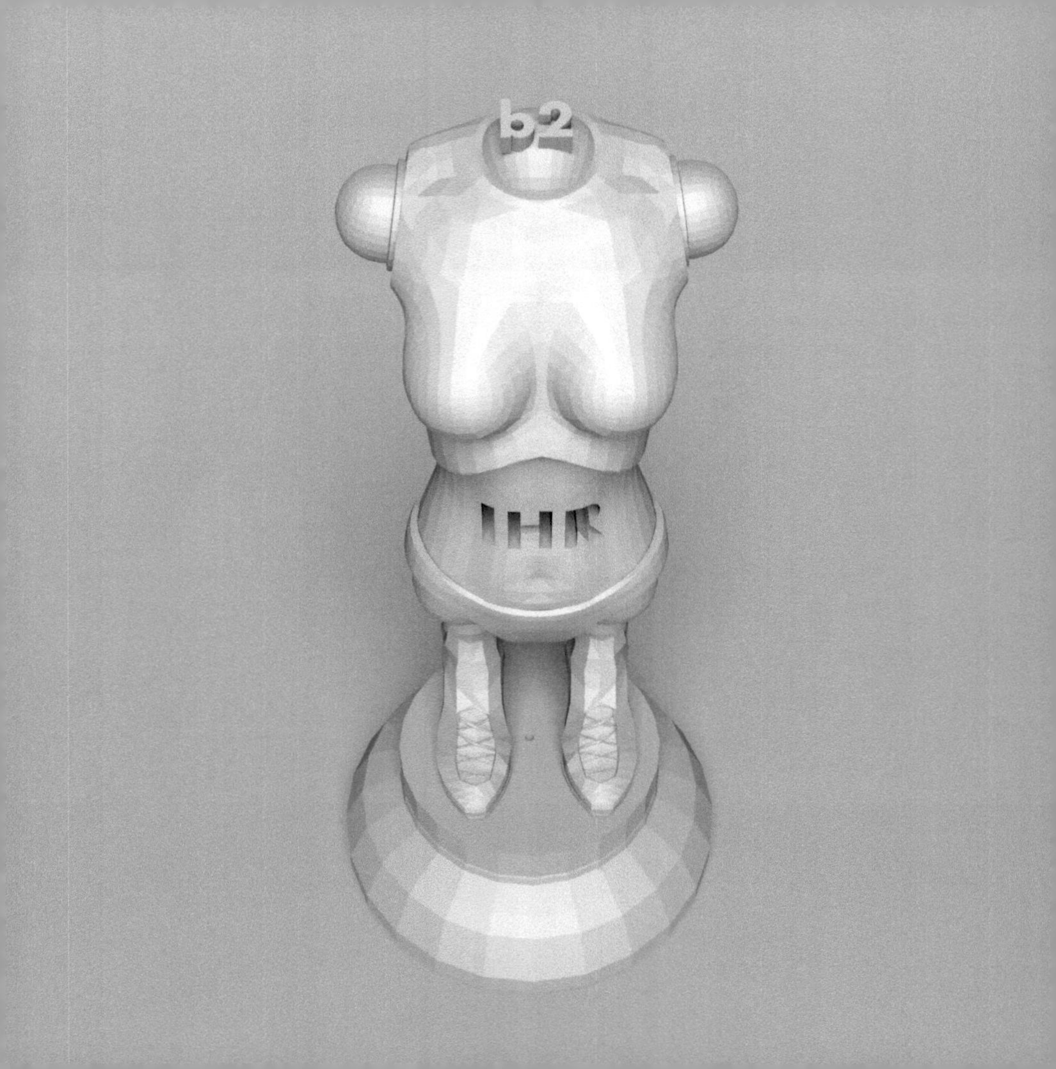
b2
IHR

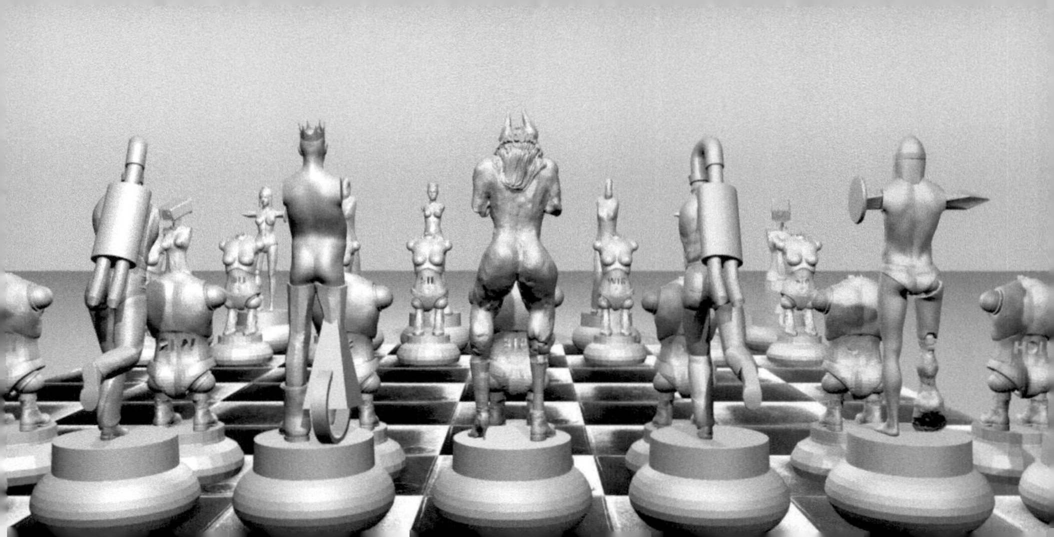

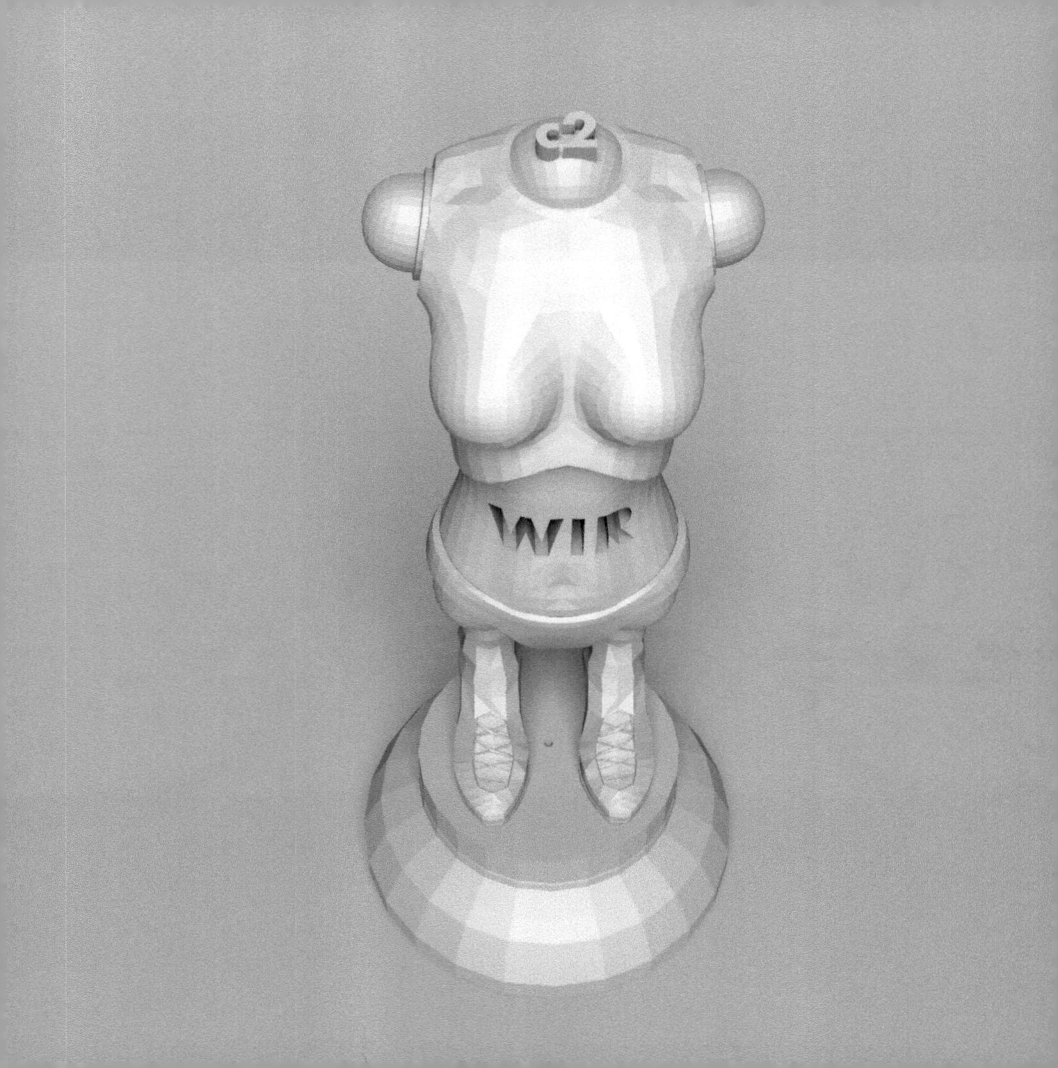
WIR

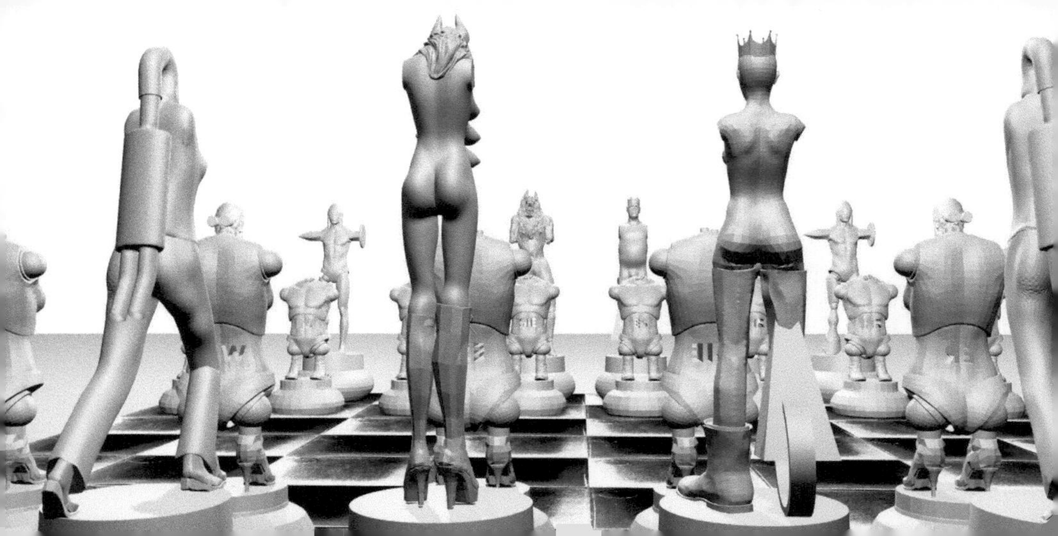

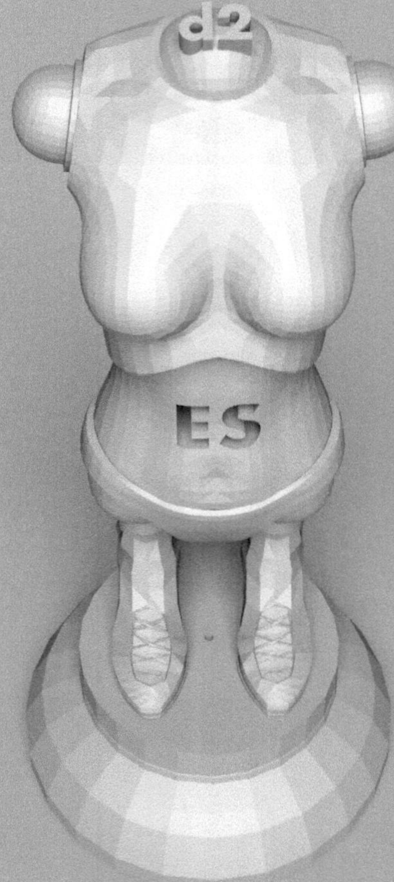
d2
ES

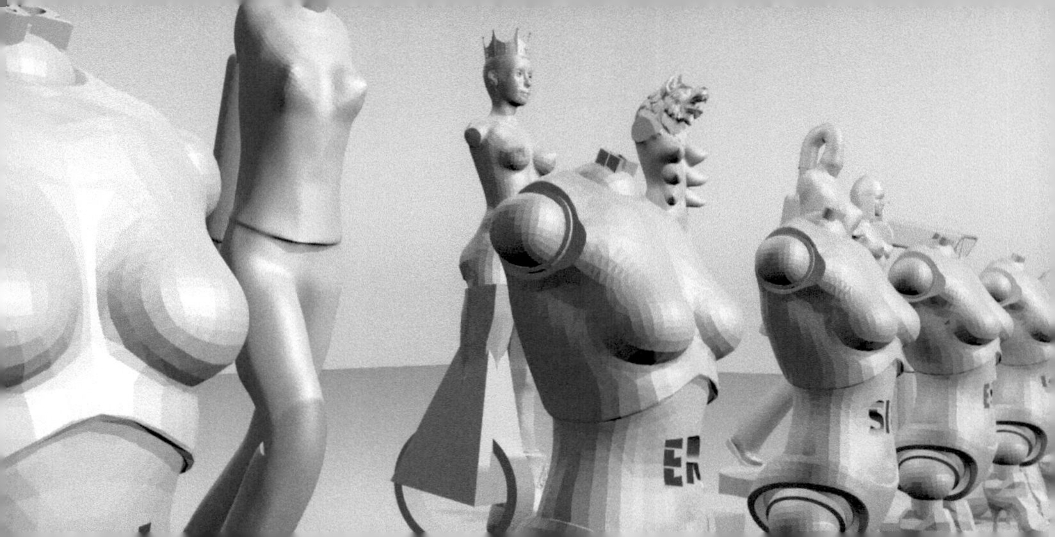

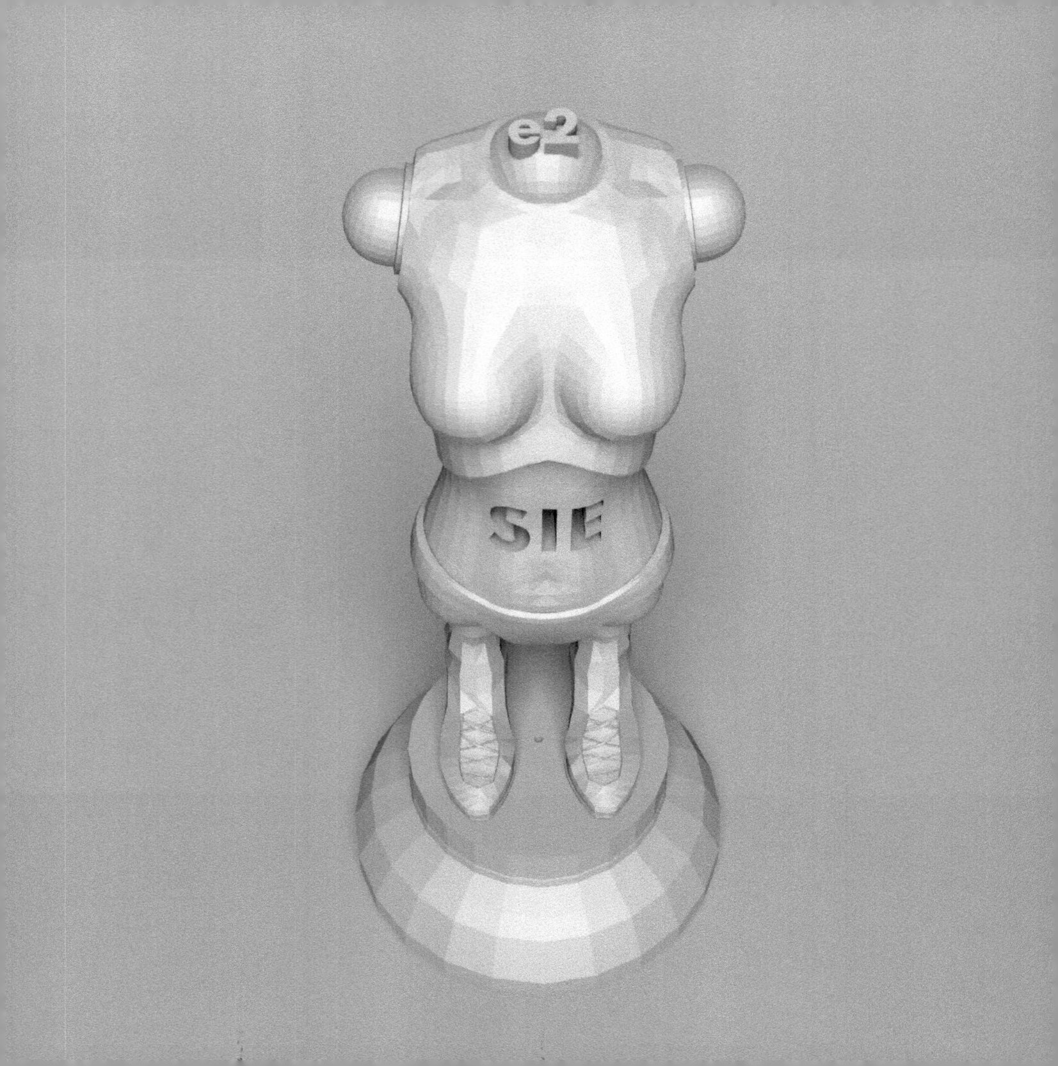
e2
SIE

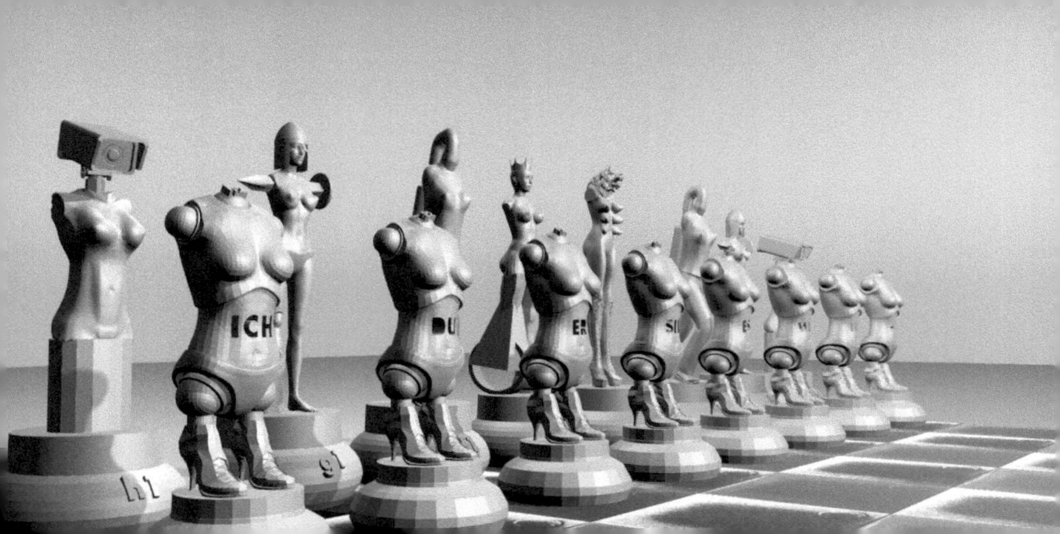

h1
ICH
DU
ER

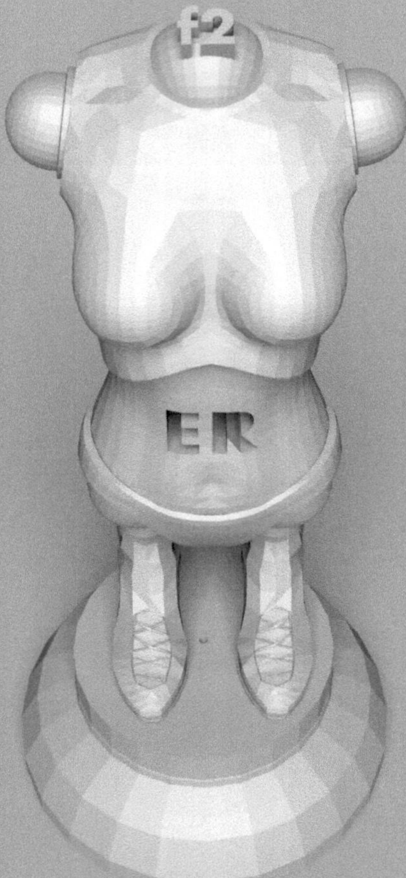
f2
ER

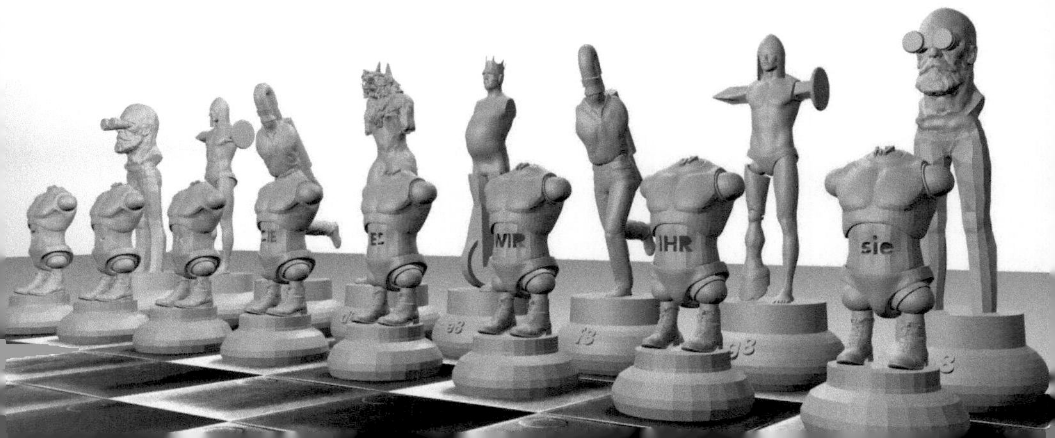
WIR
IHR
sie

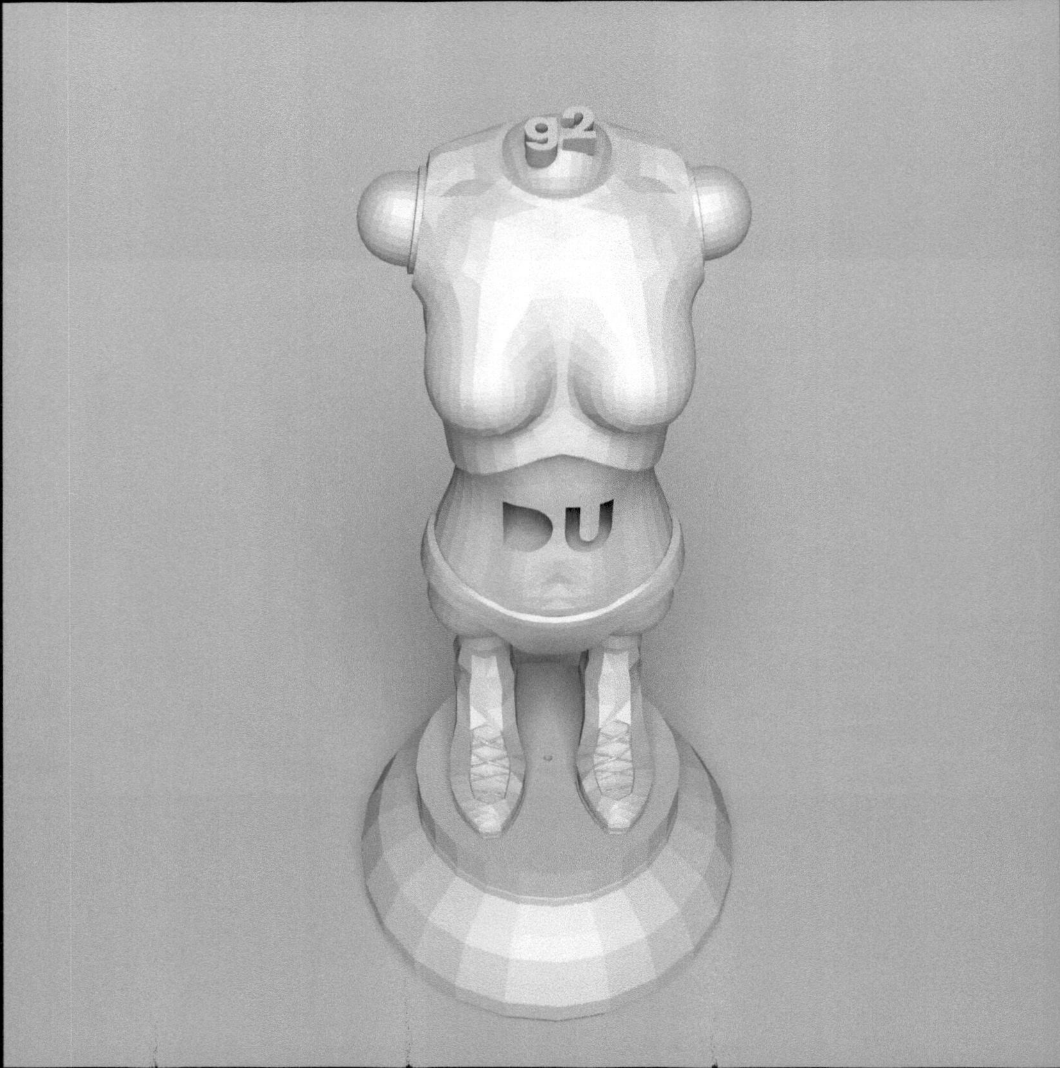
92
DU

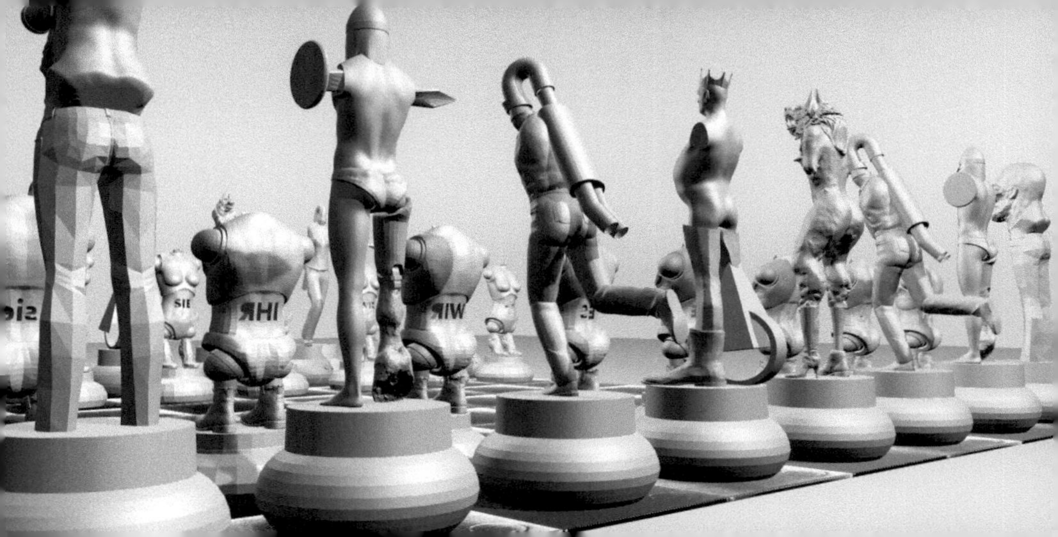
SIE

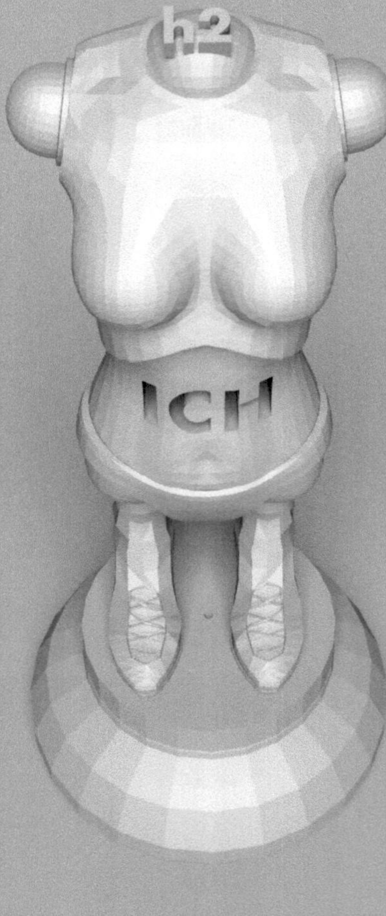
h2
ICH

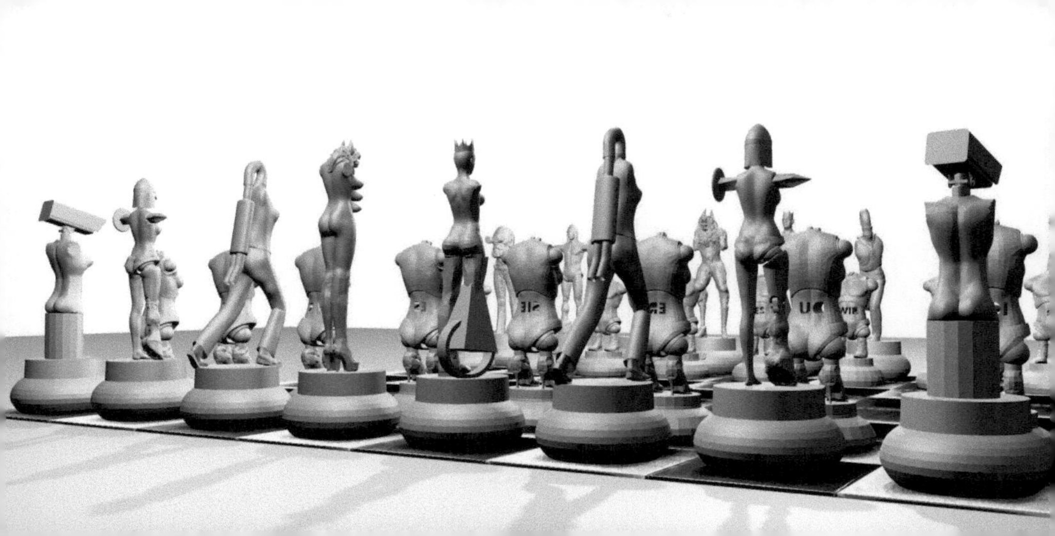

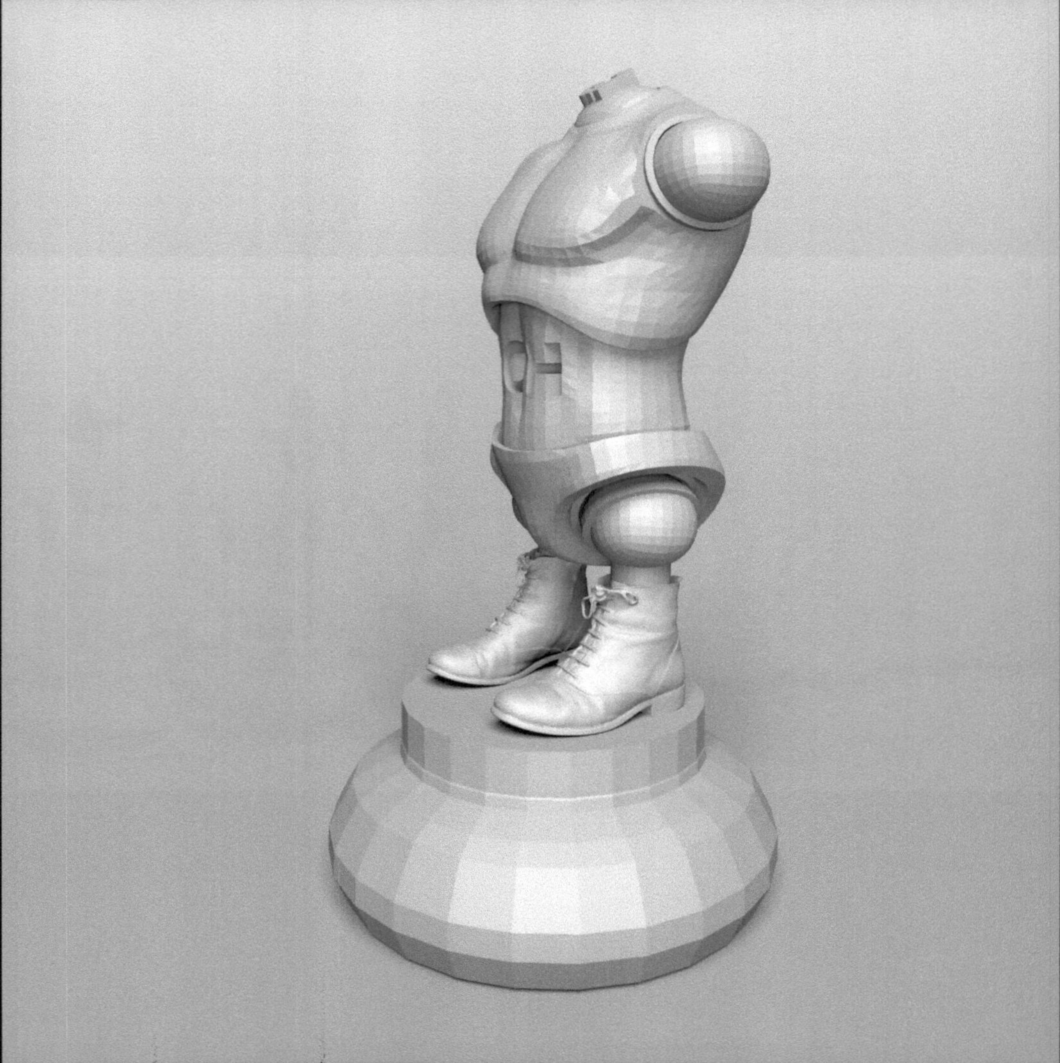

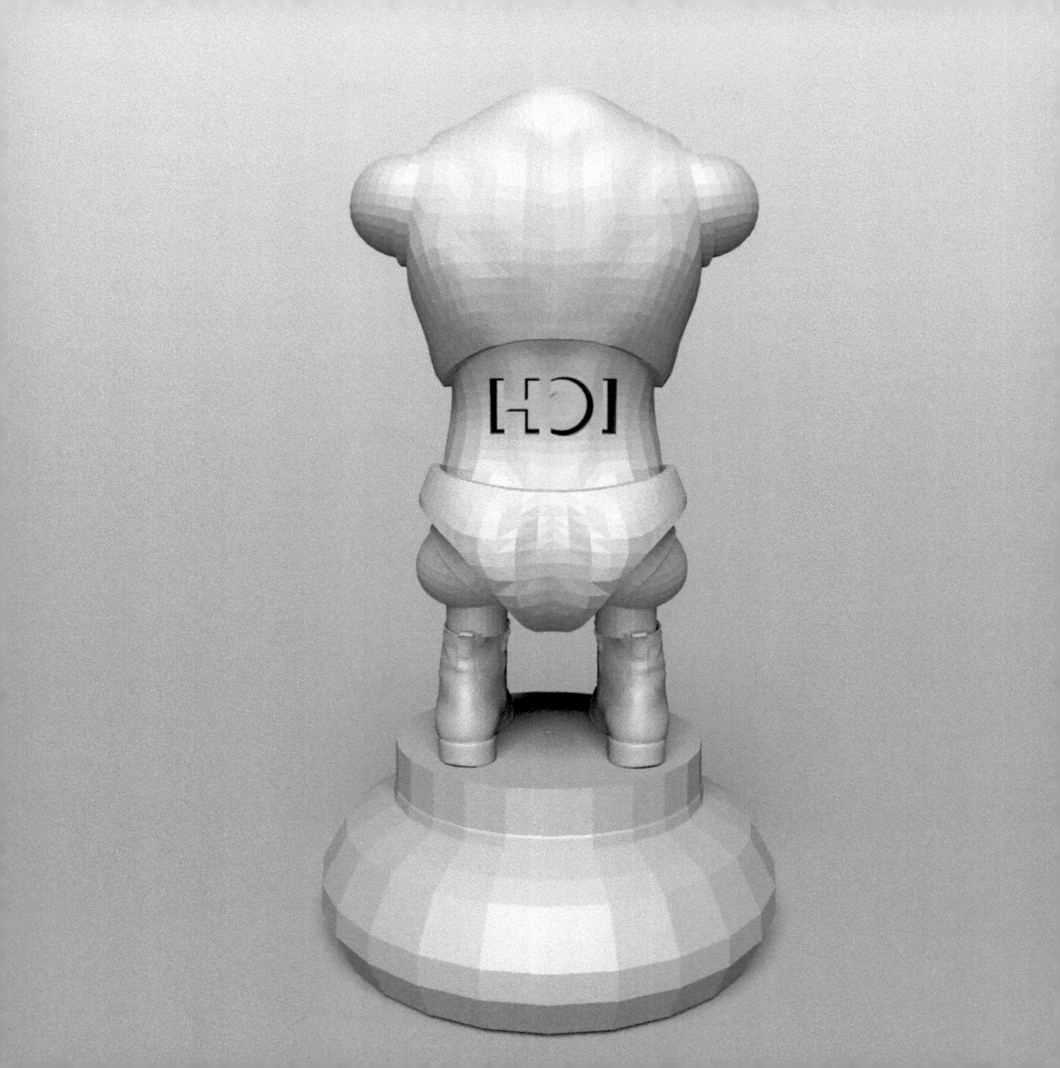

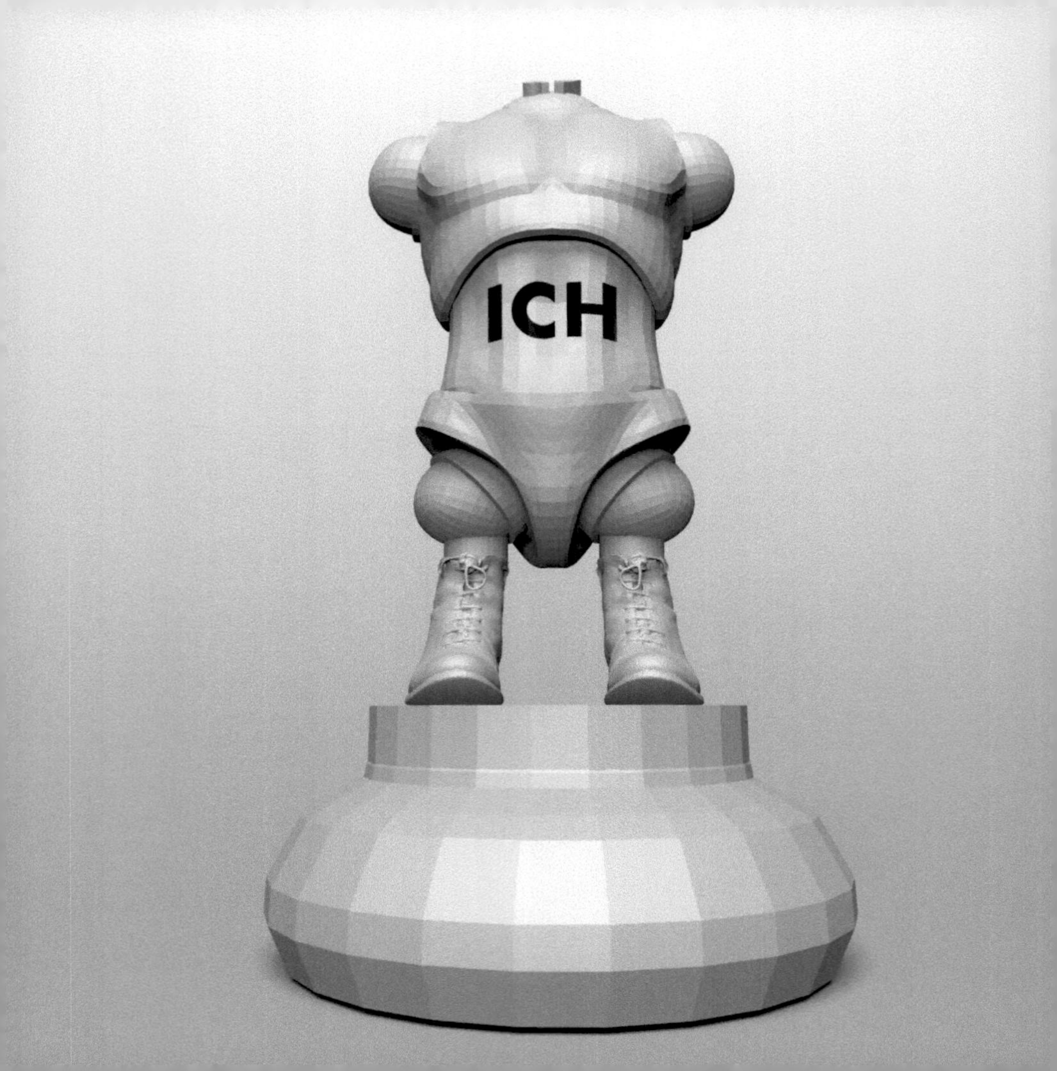
ICH

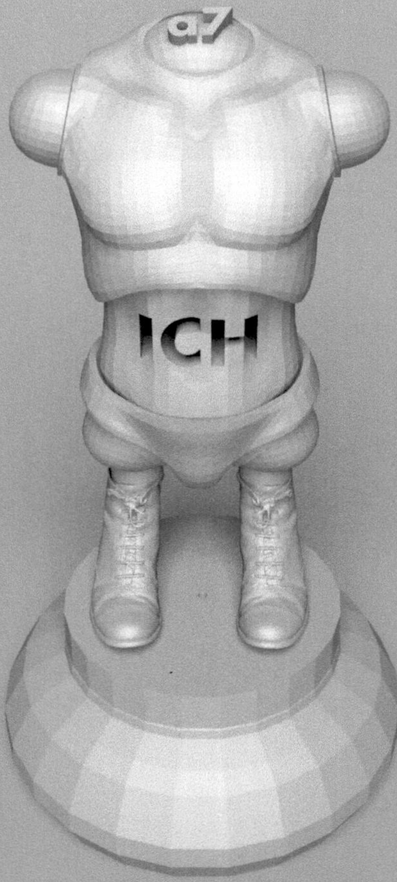
a7
ICH

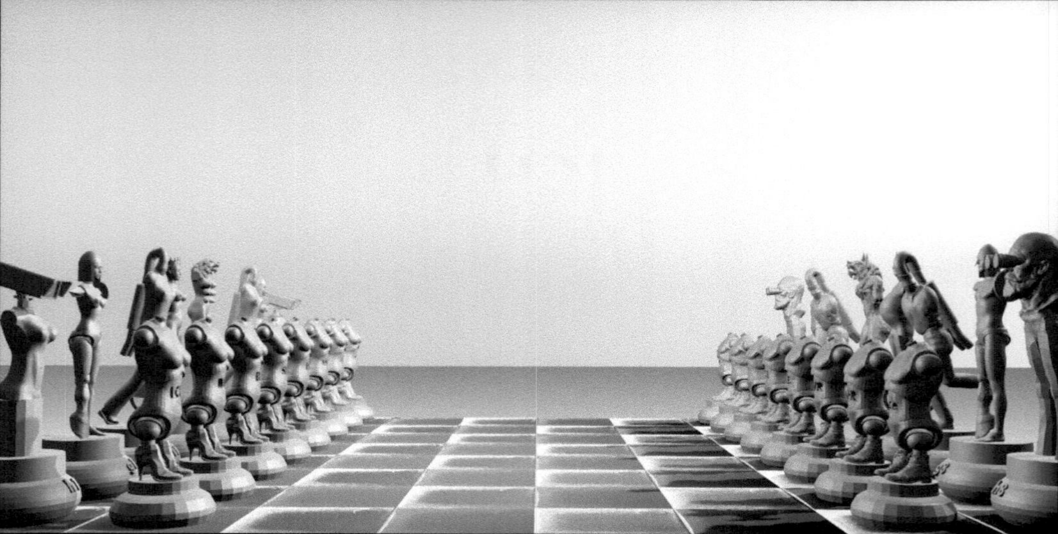

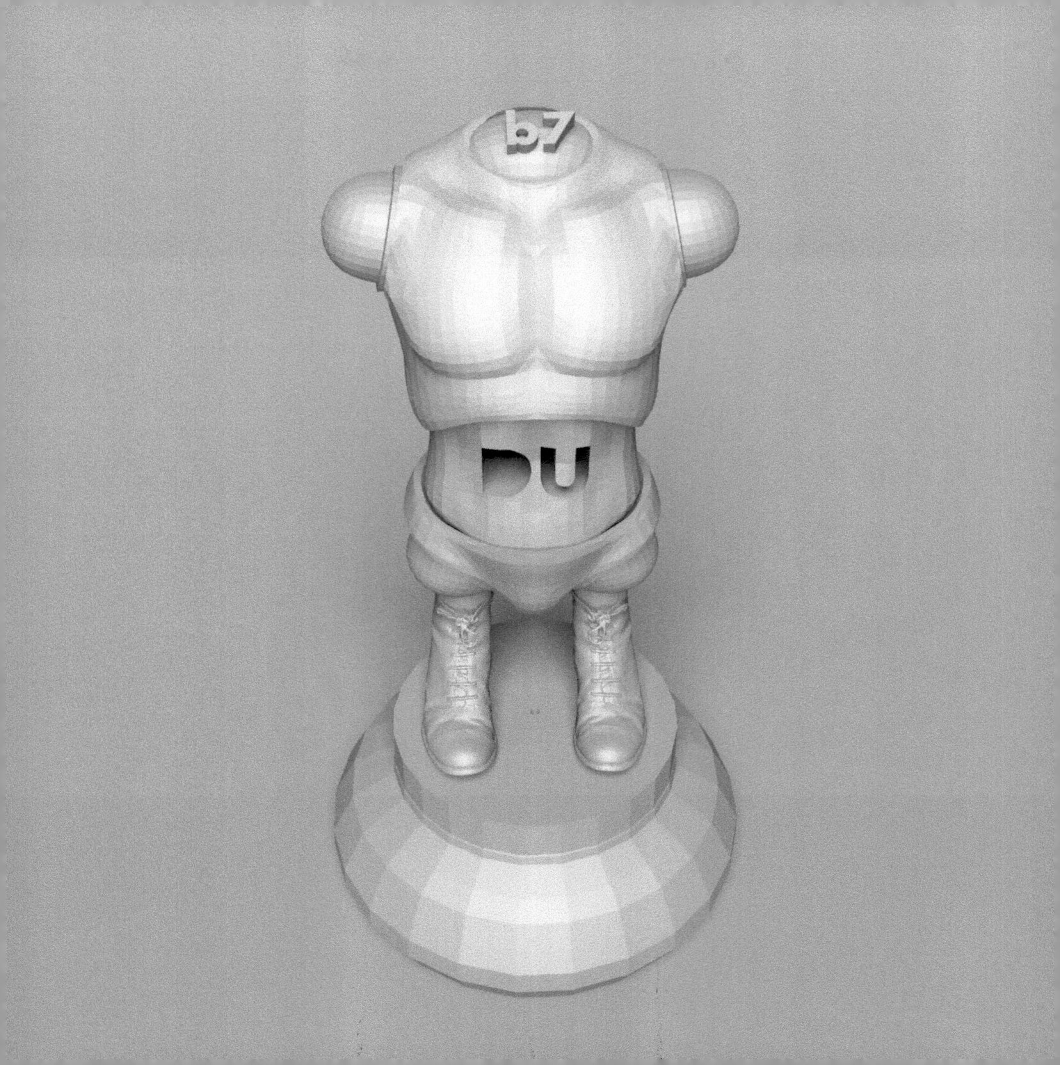
b7
DU

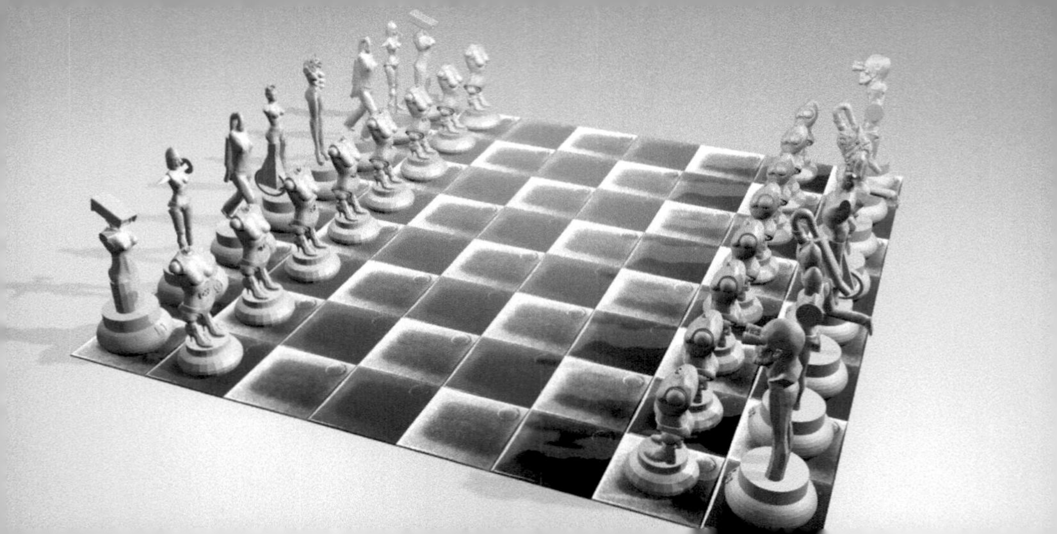

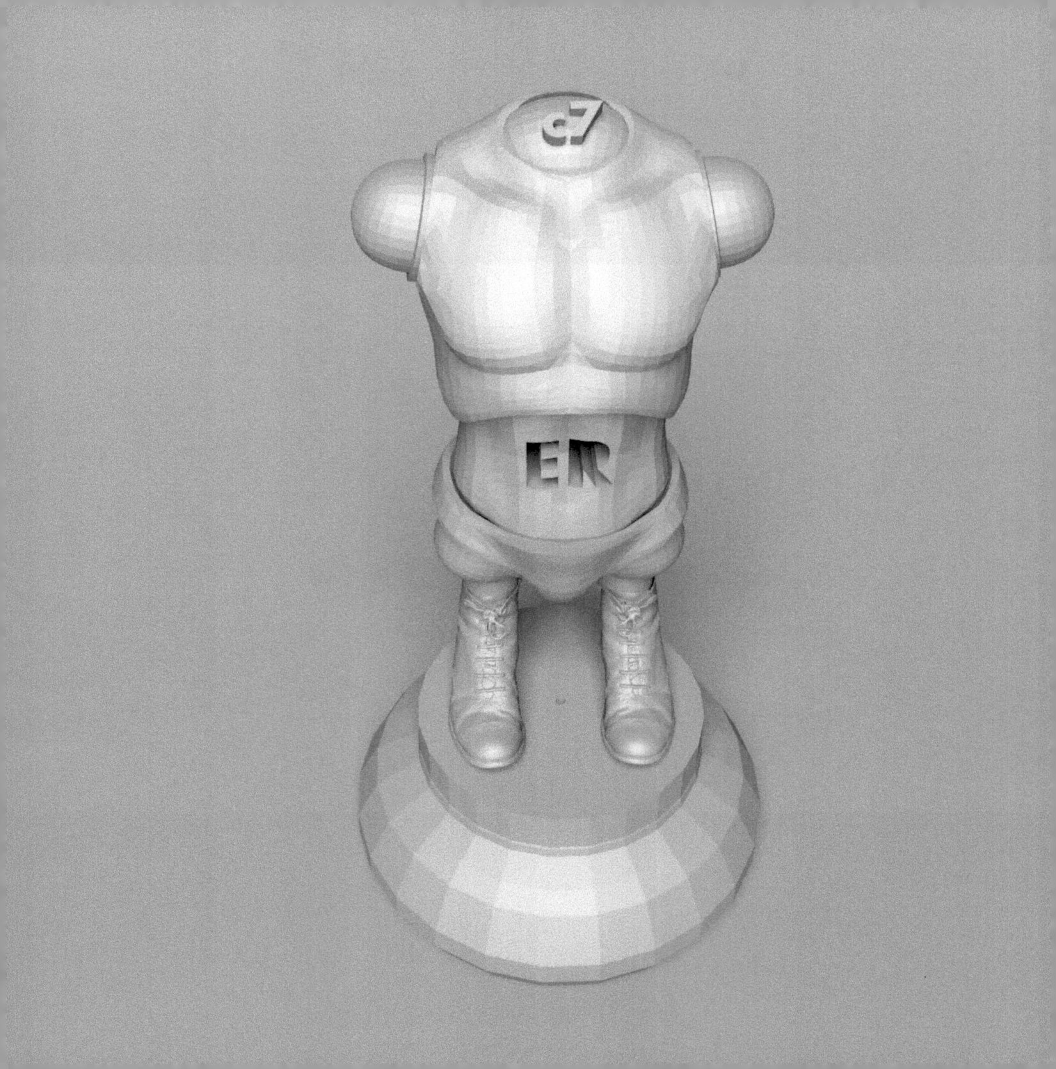
e7
ER

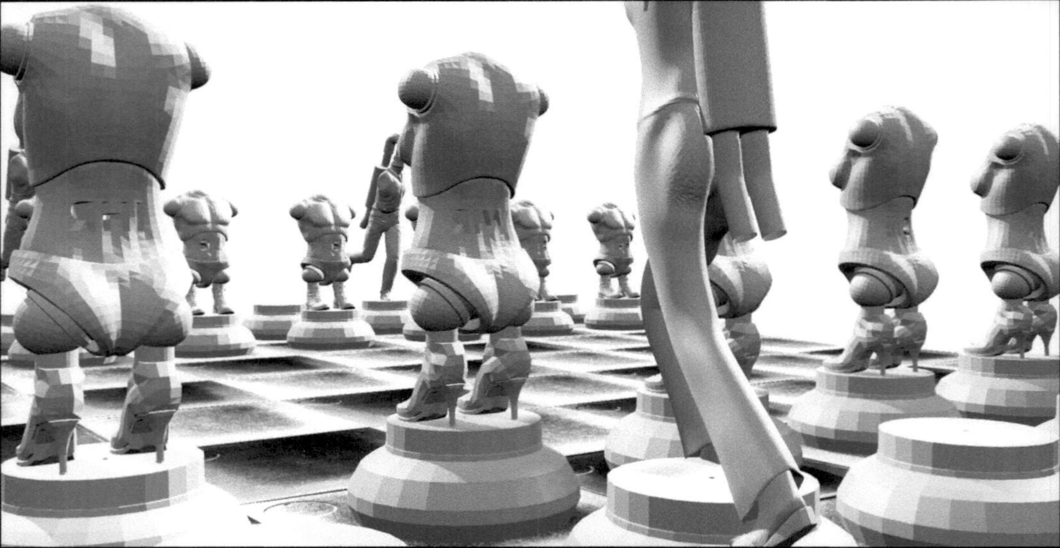

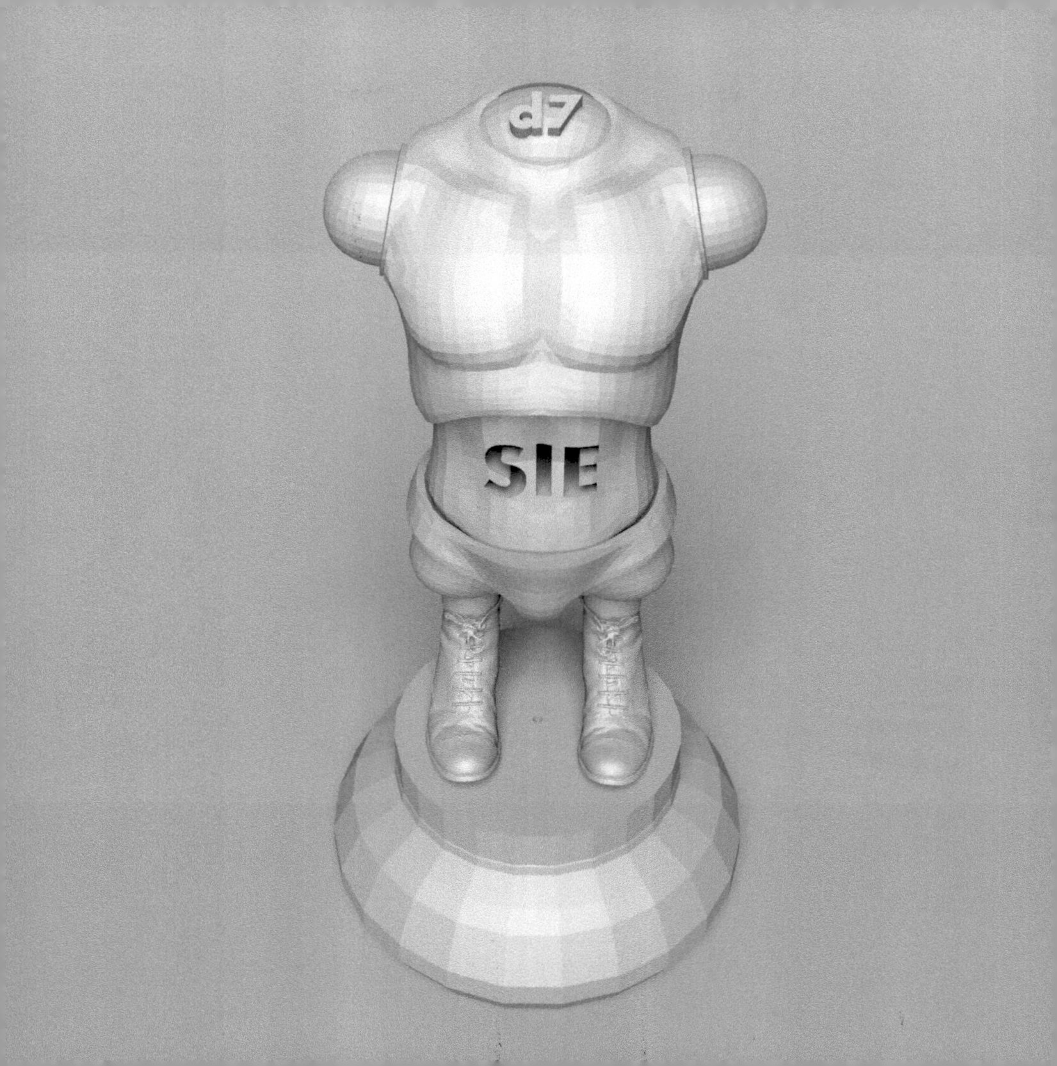
d7
SIE

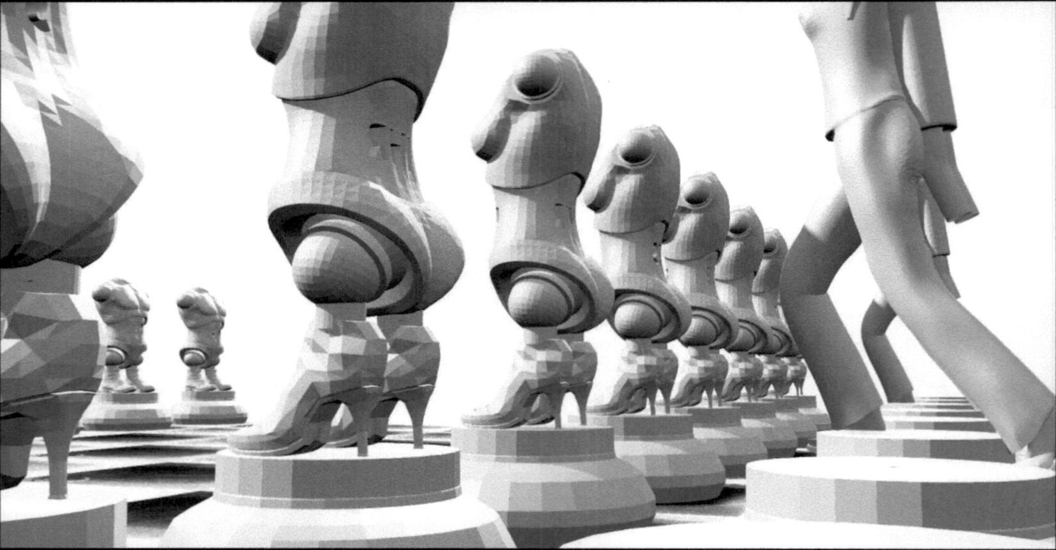

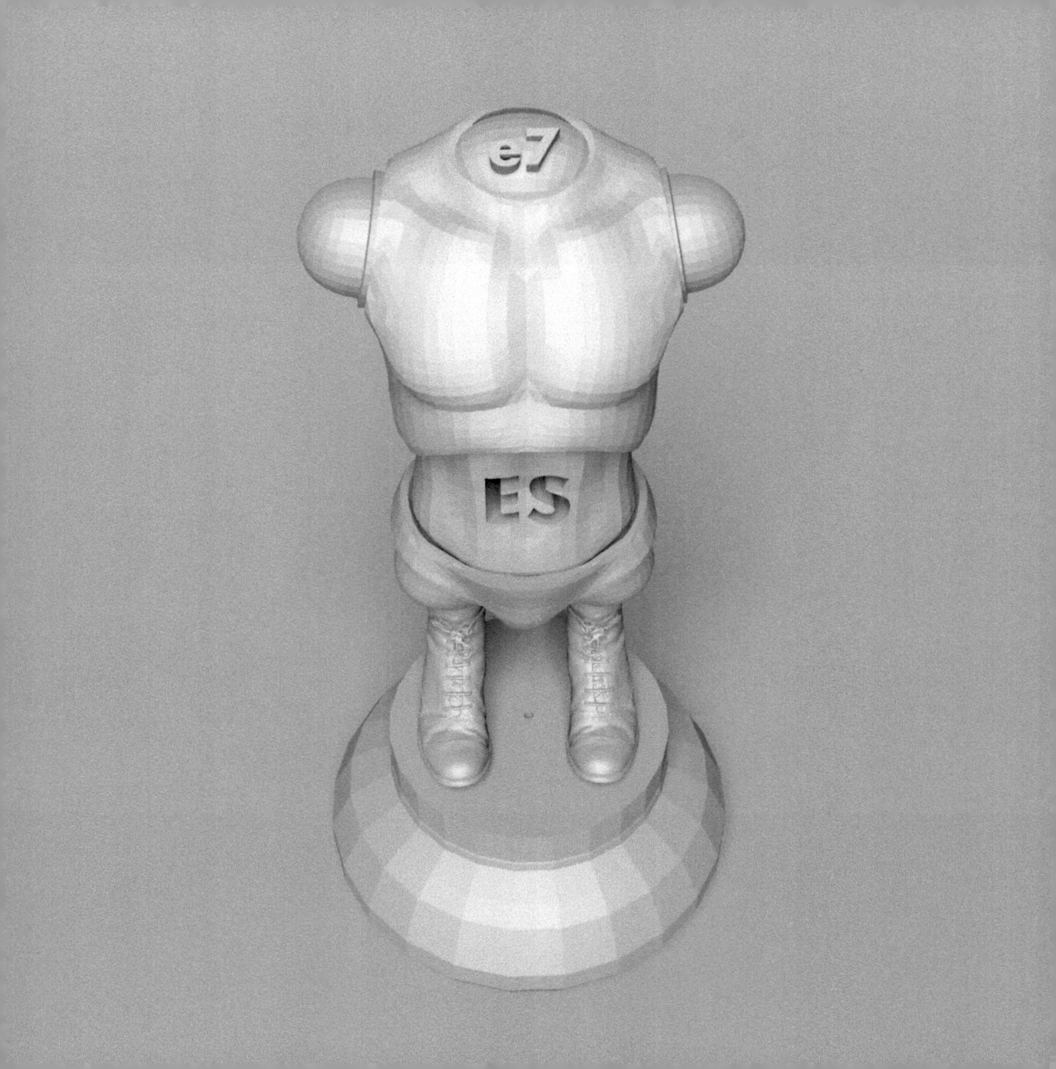
e7
ES

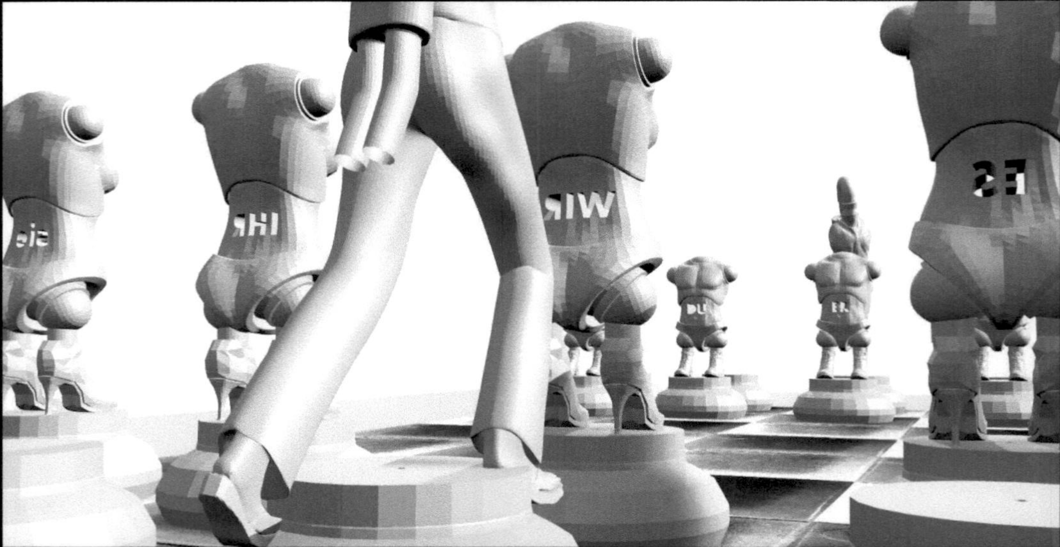
sie
IHR
WIR
ES

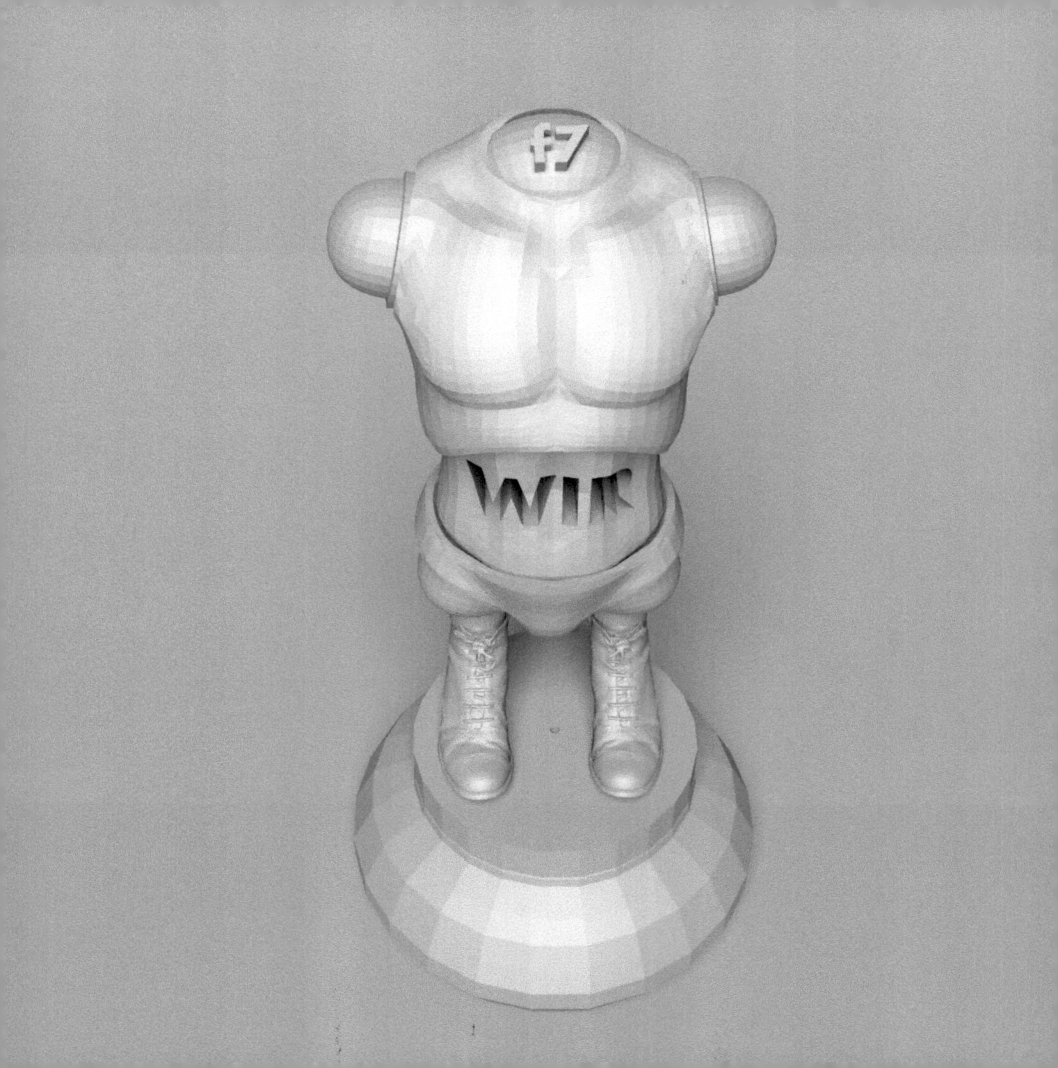
f7
WIR

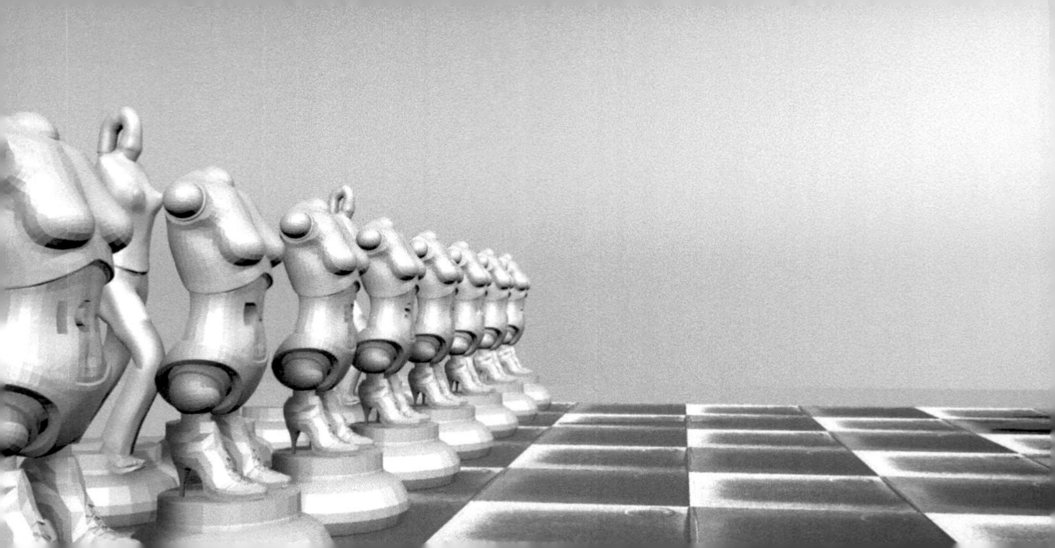

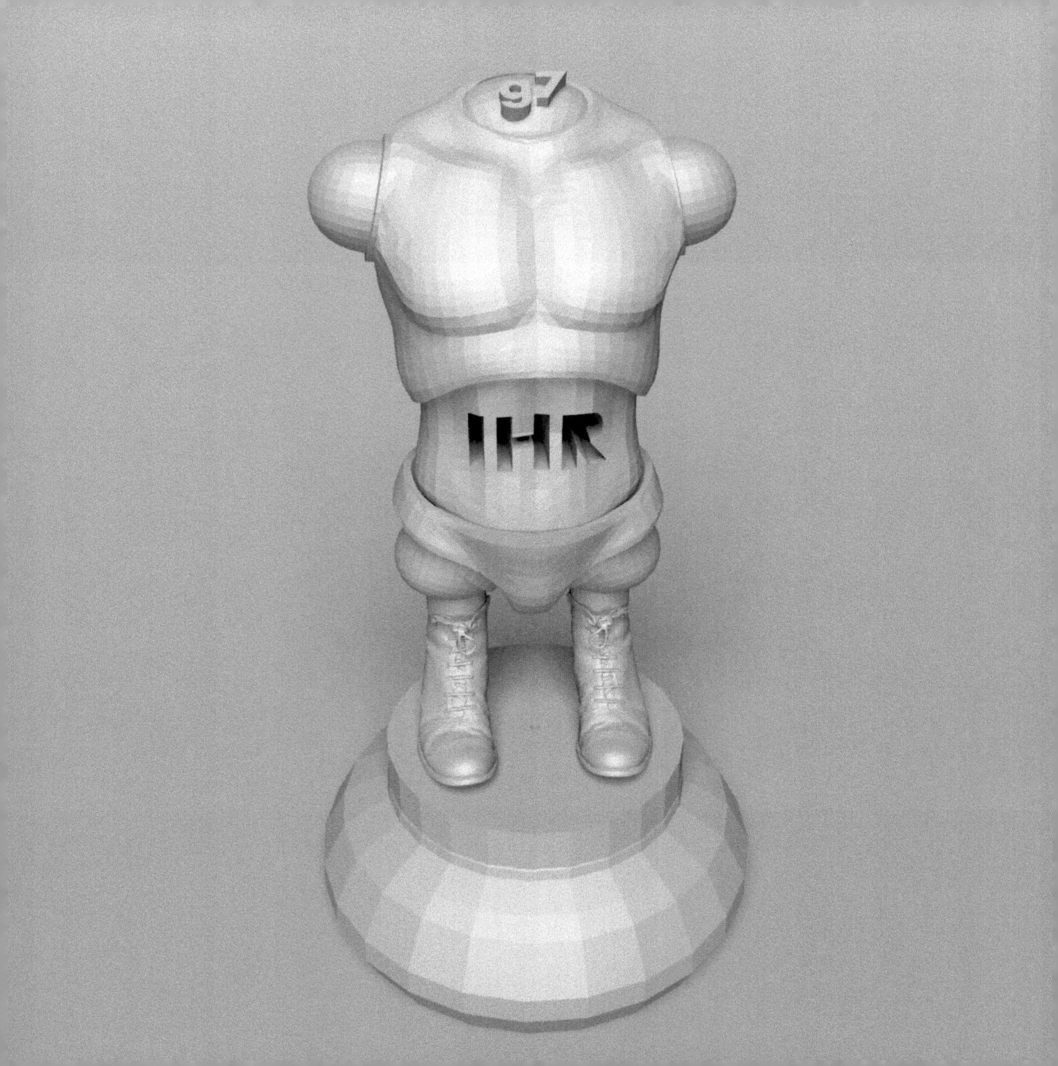
97
IHR

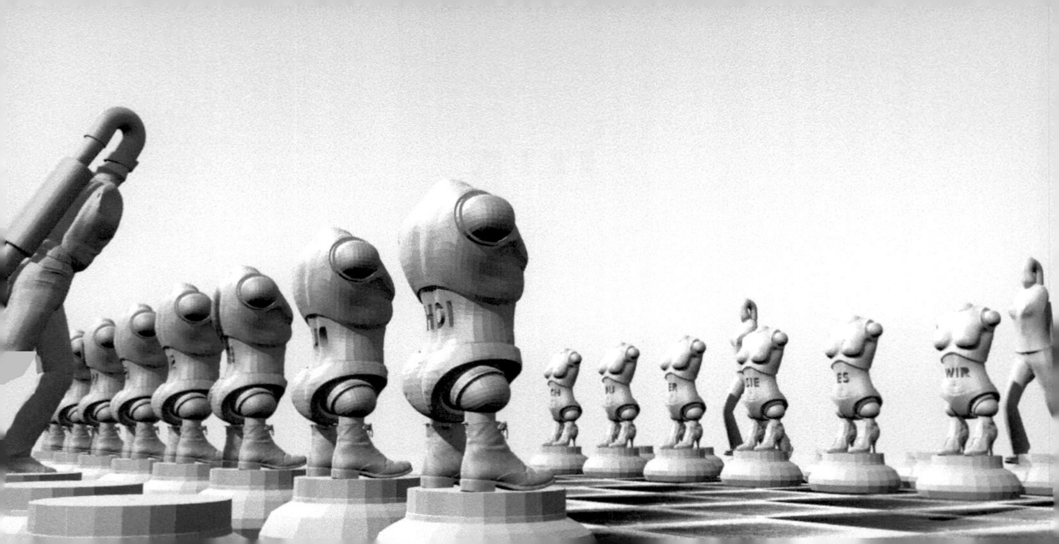
SIE
ES
WIR

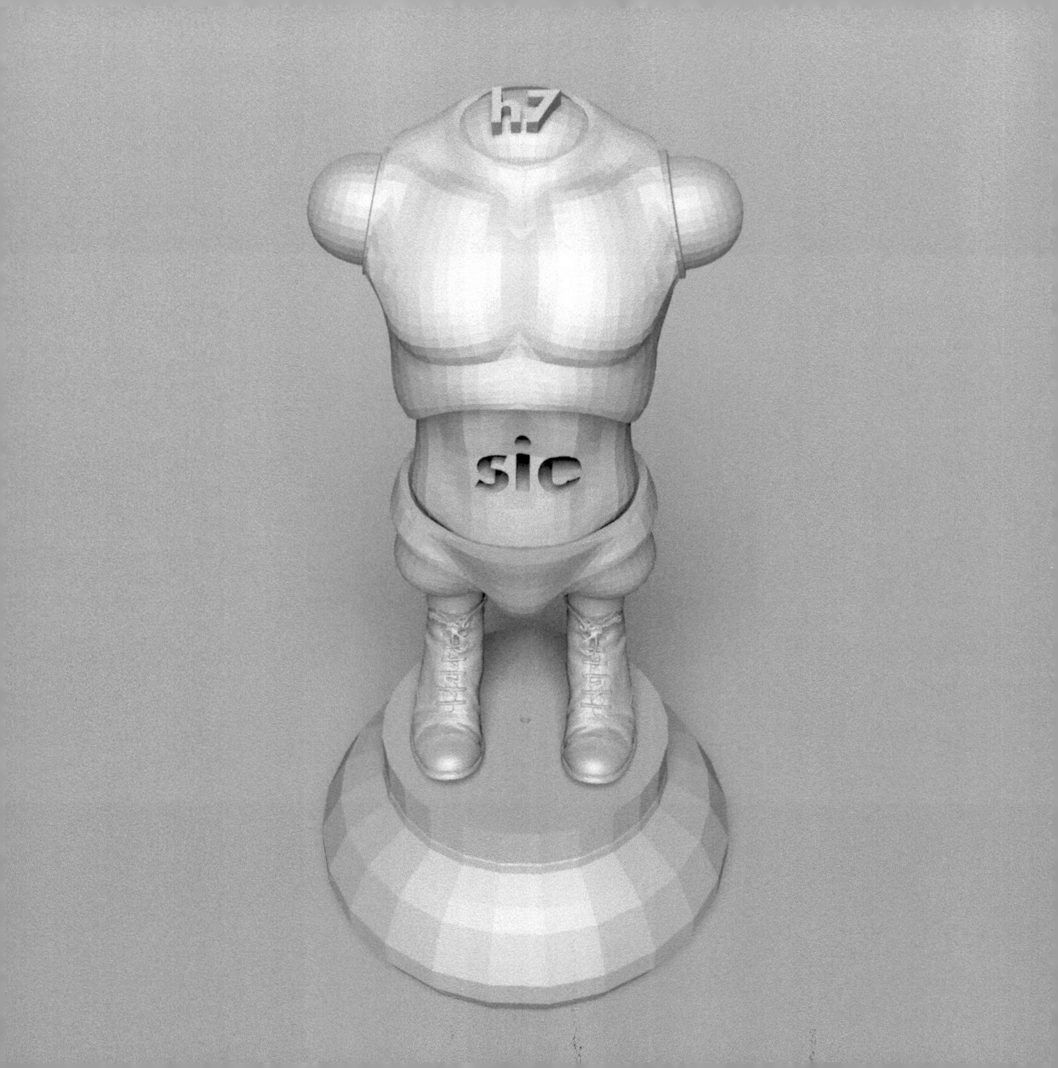
h7
sic

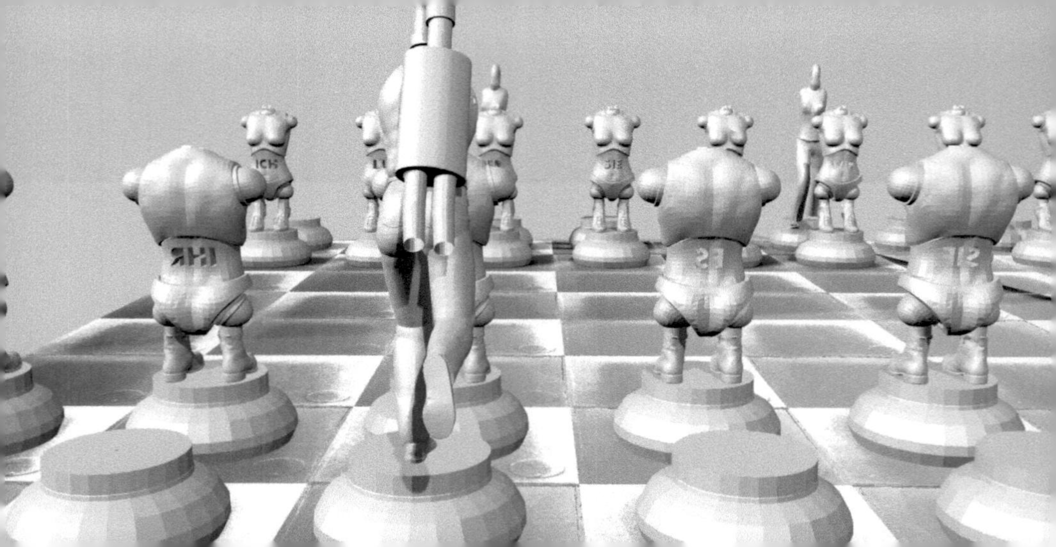
ICH
SIE

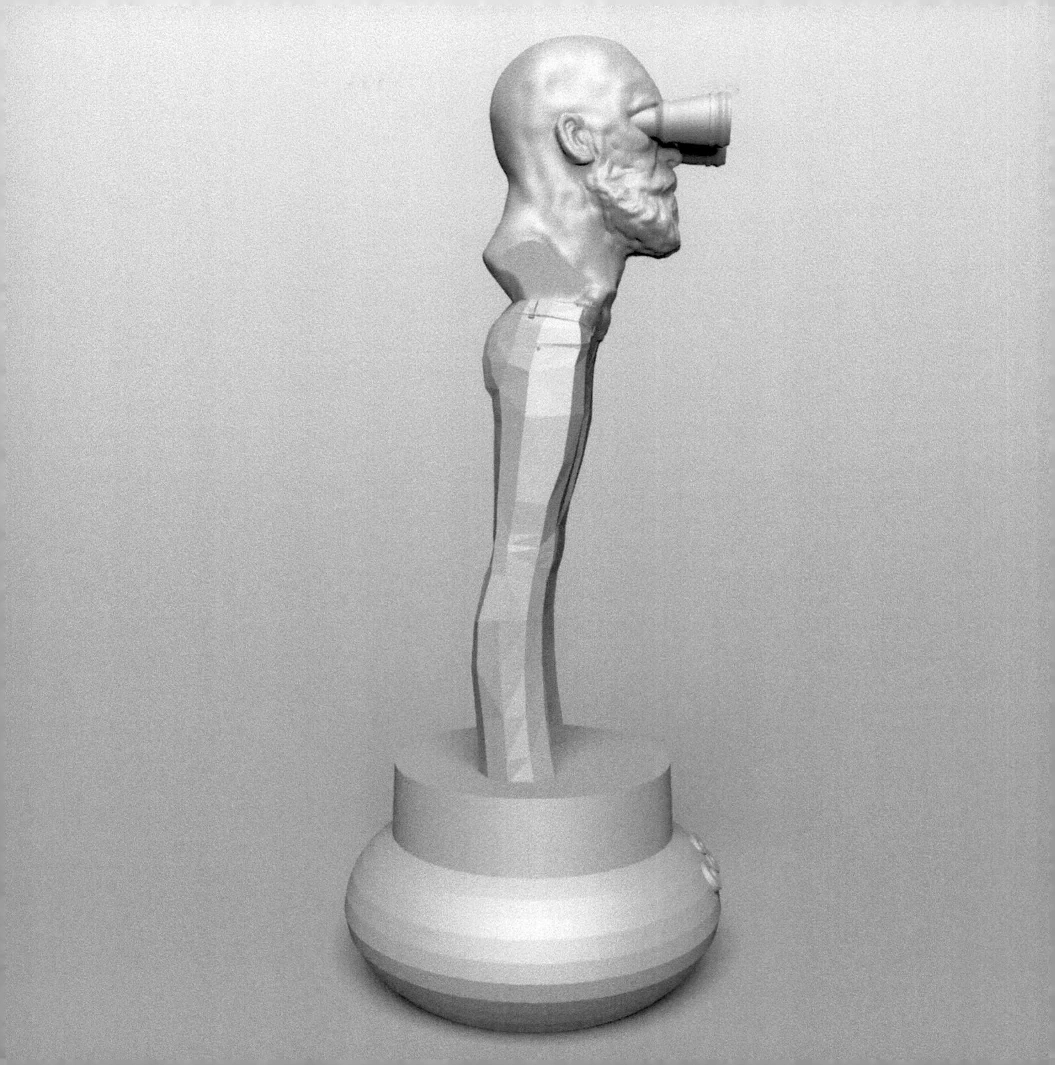

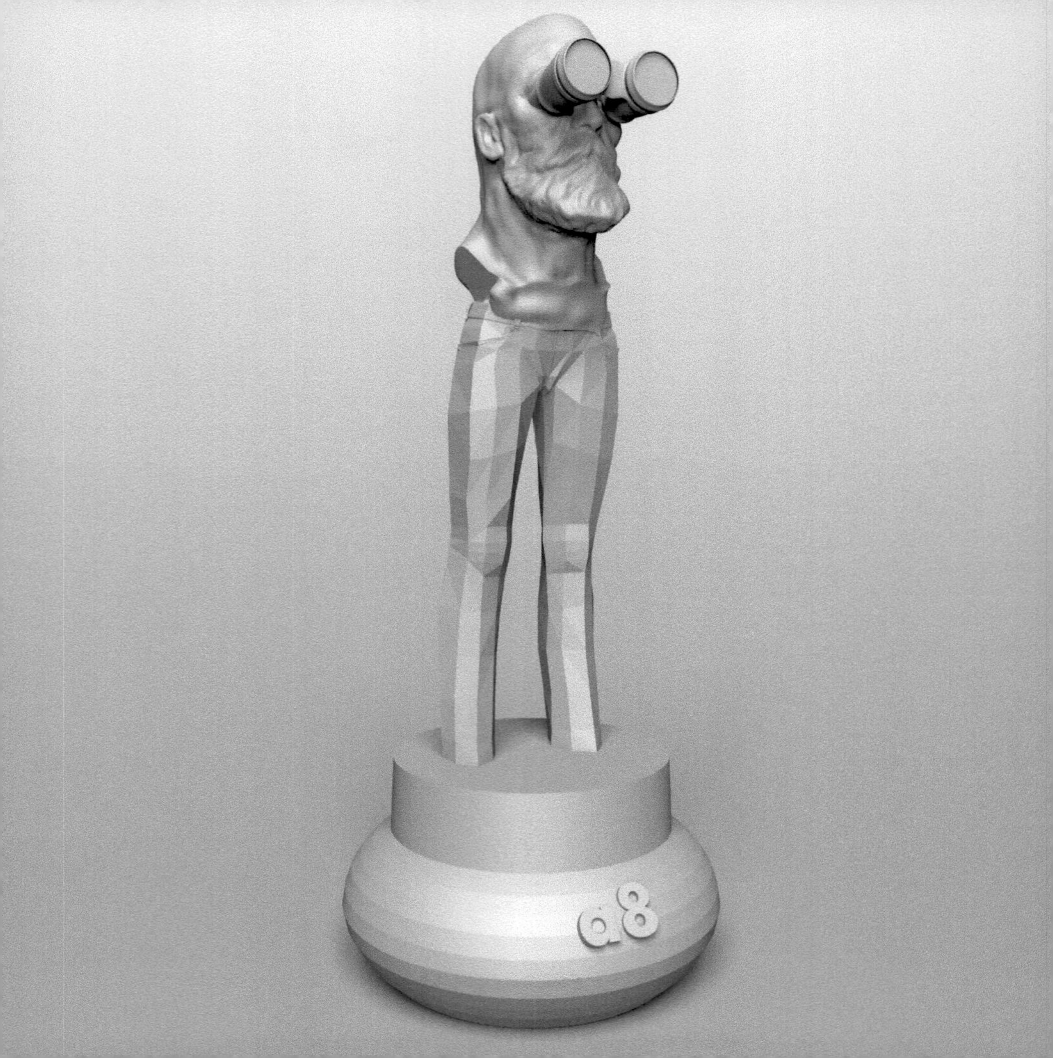
a8

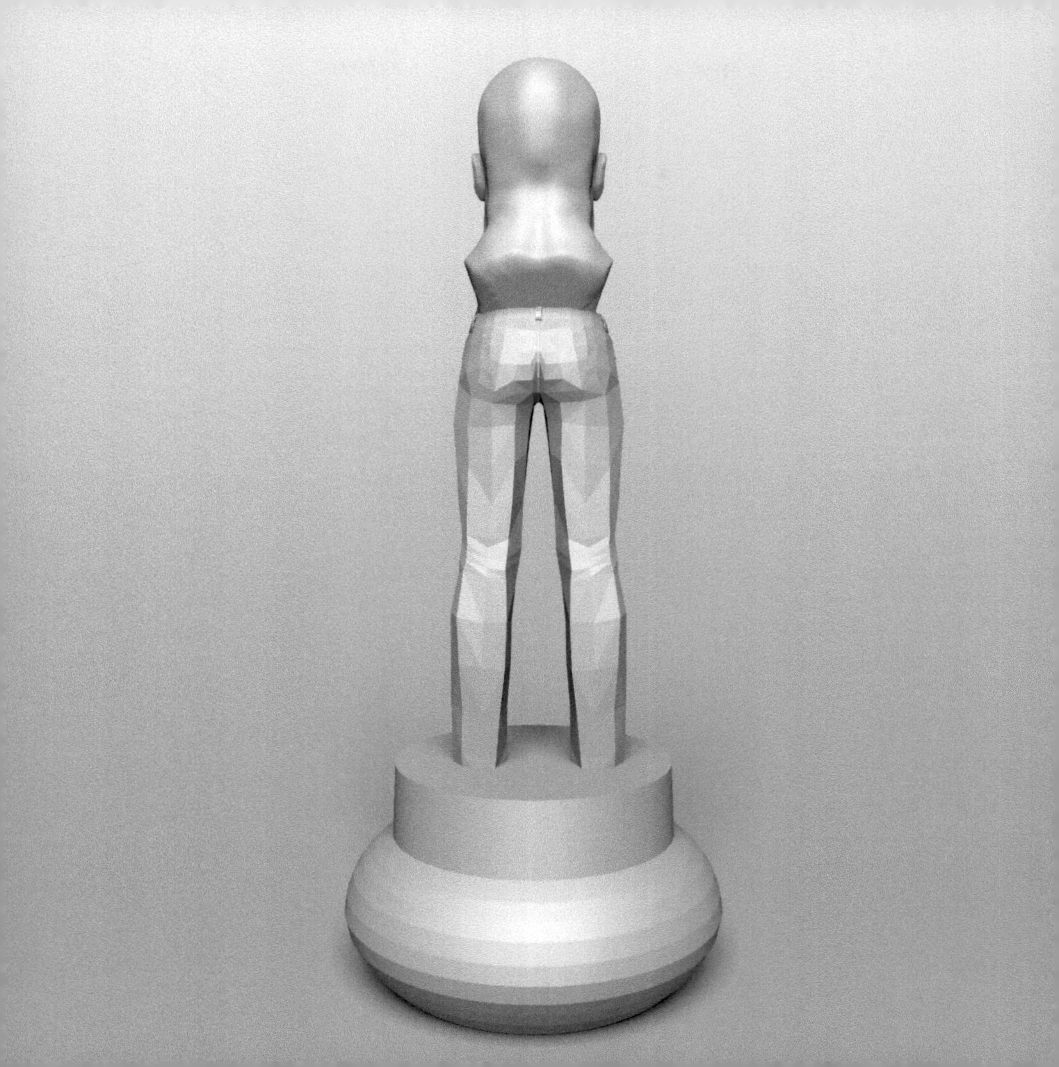

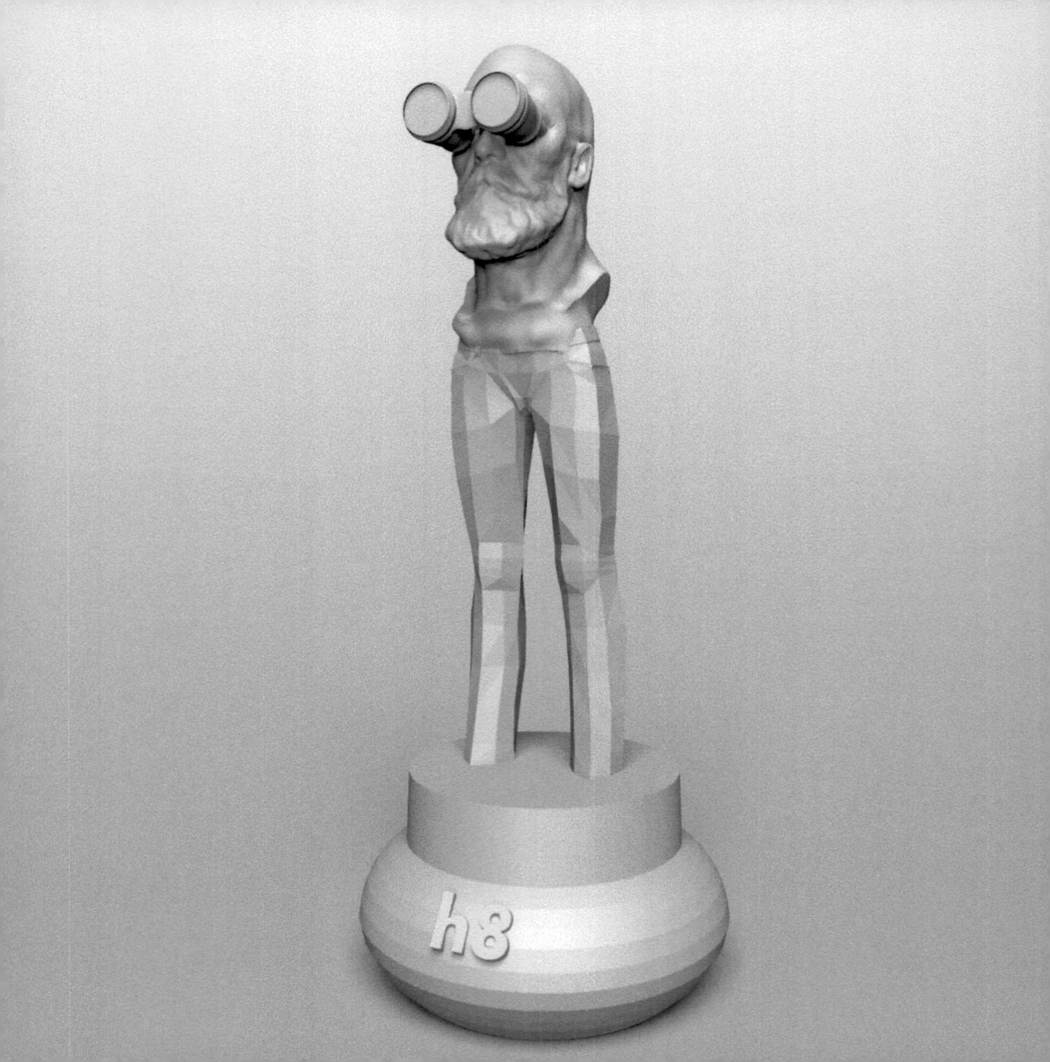
h8

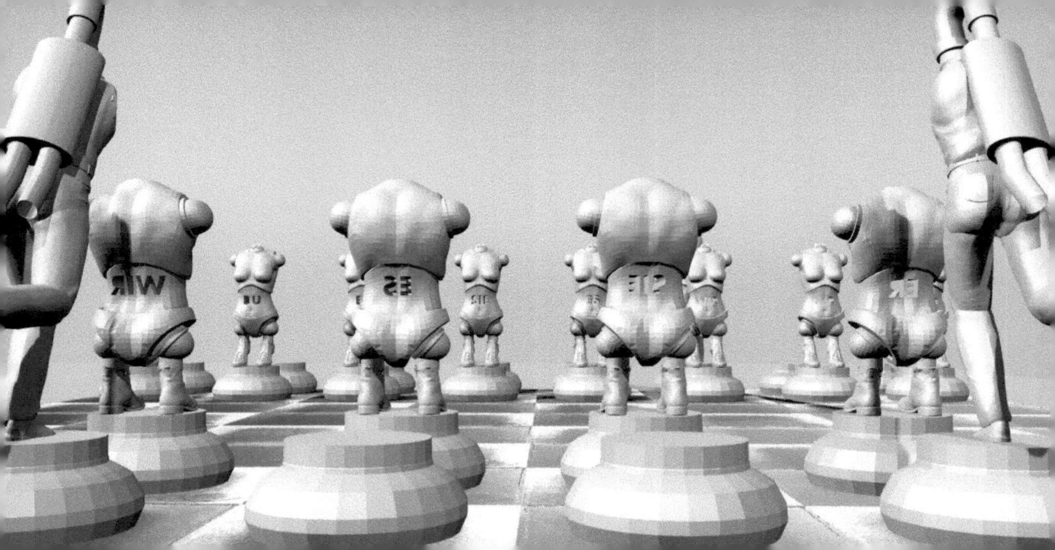
WIR
ES

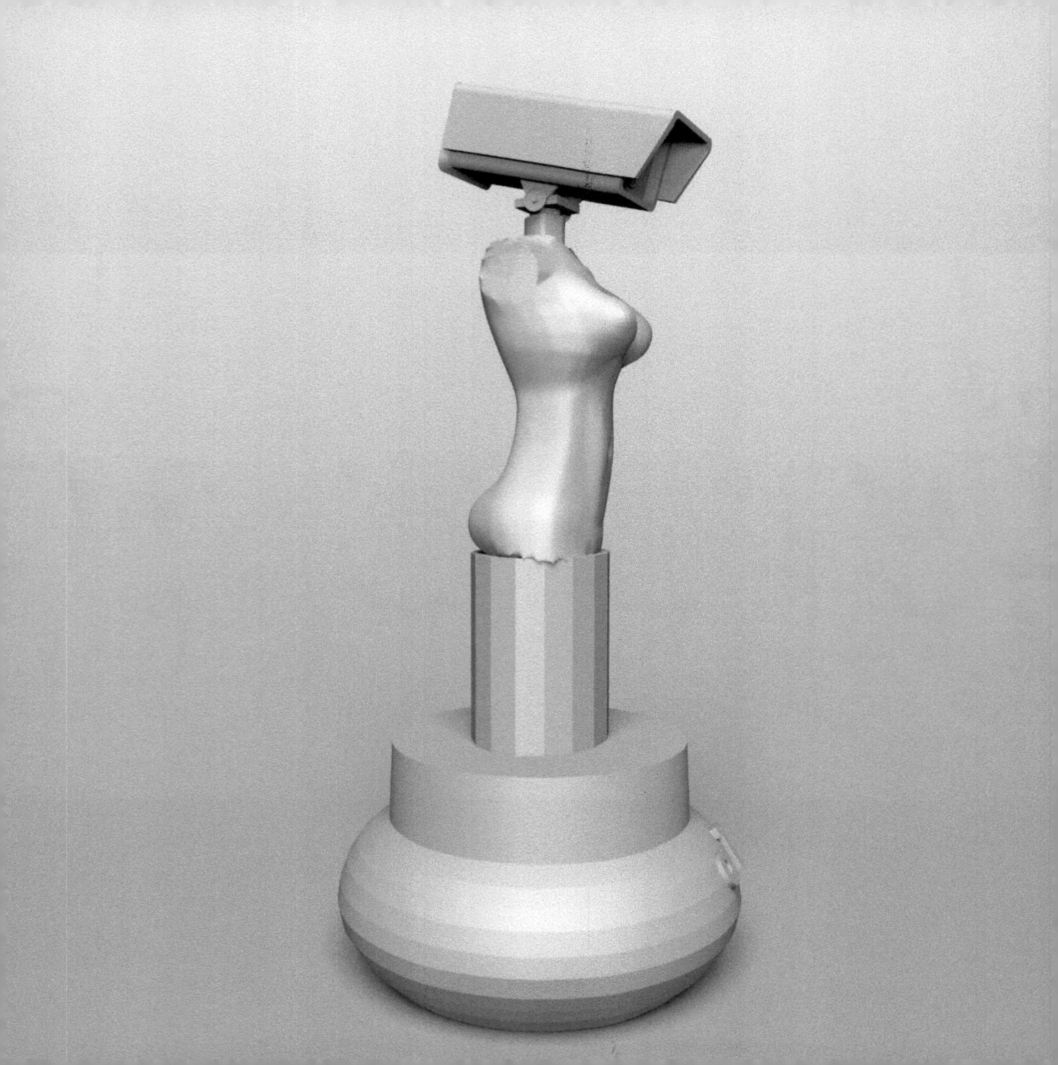

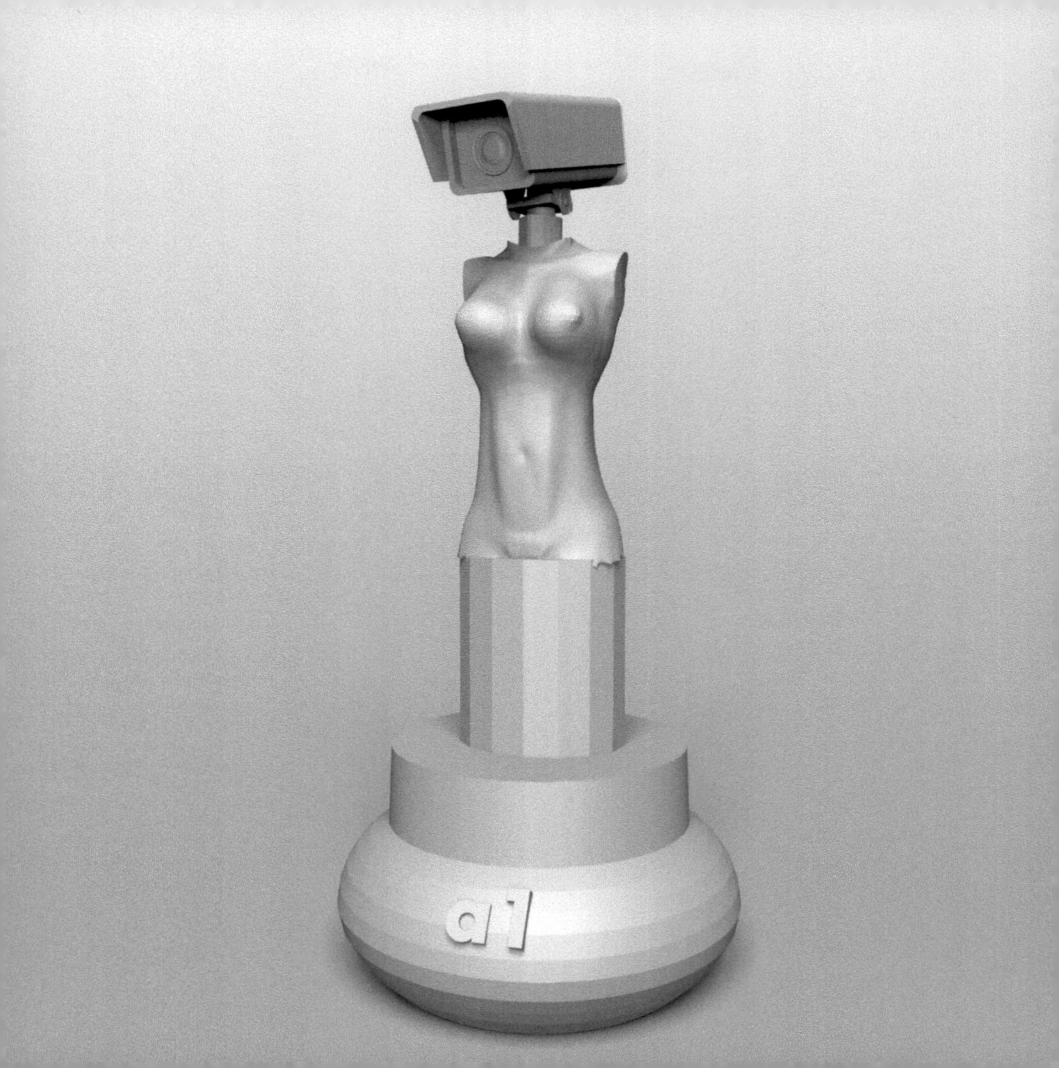
a1

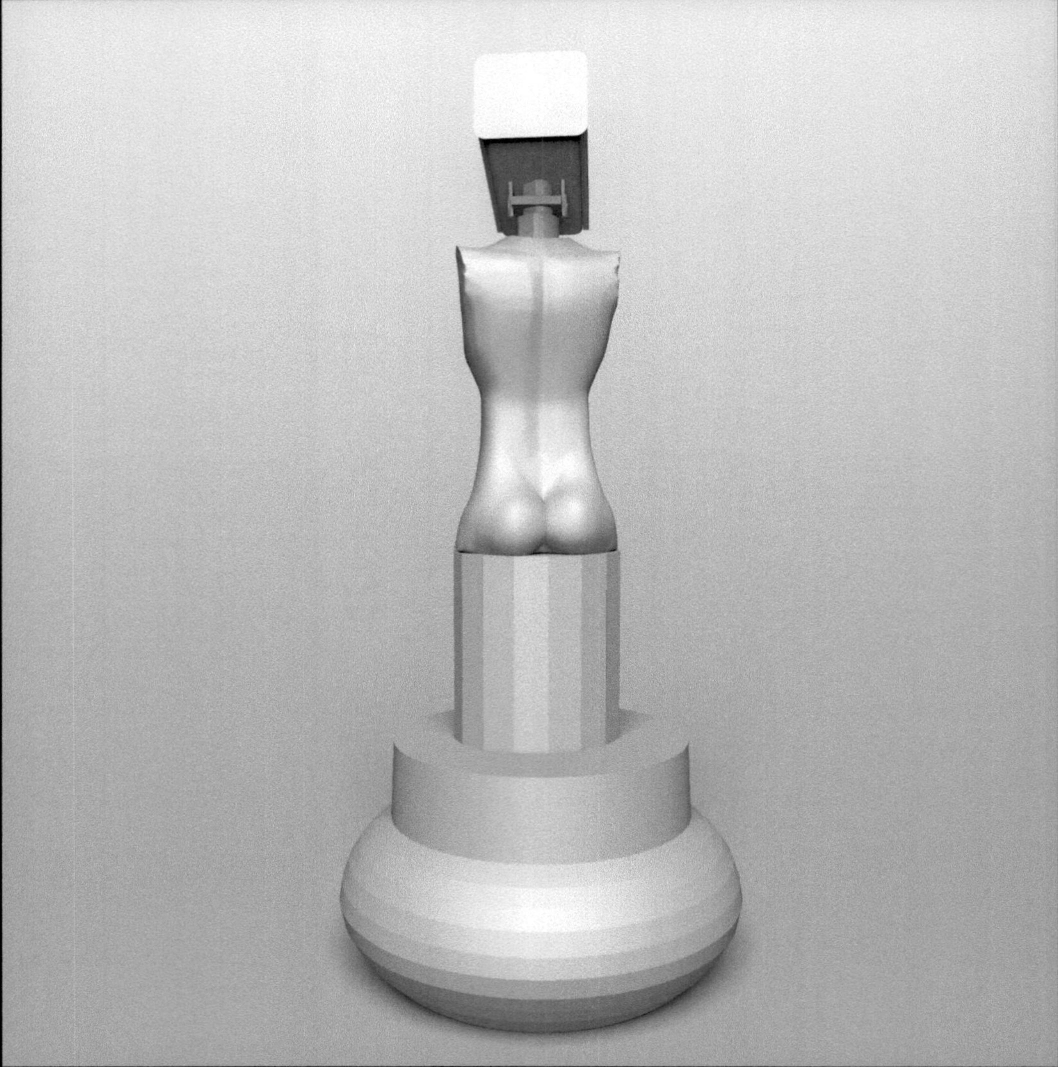

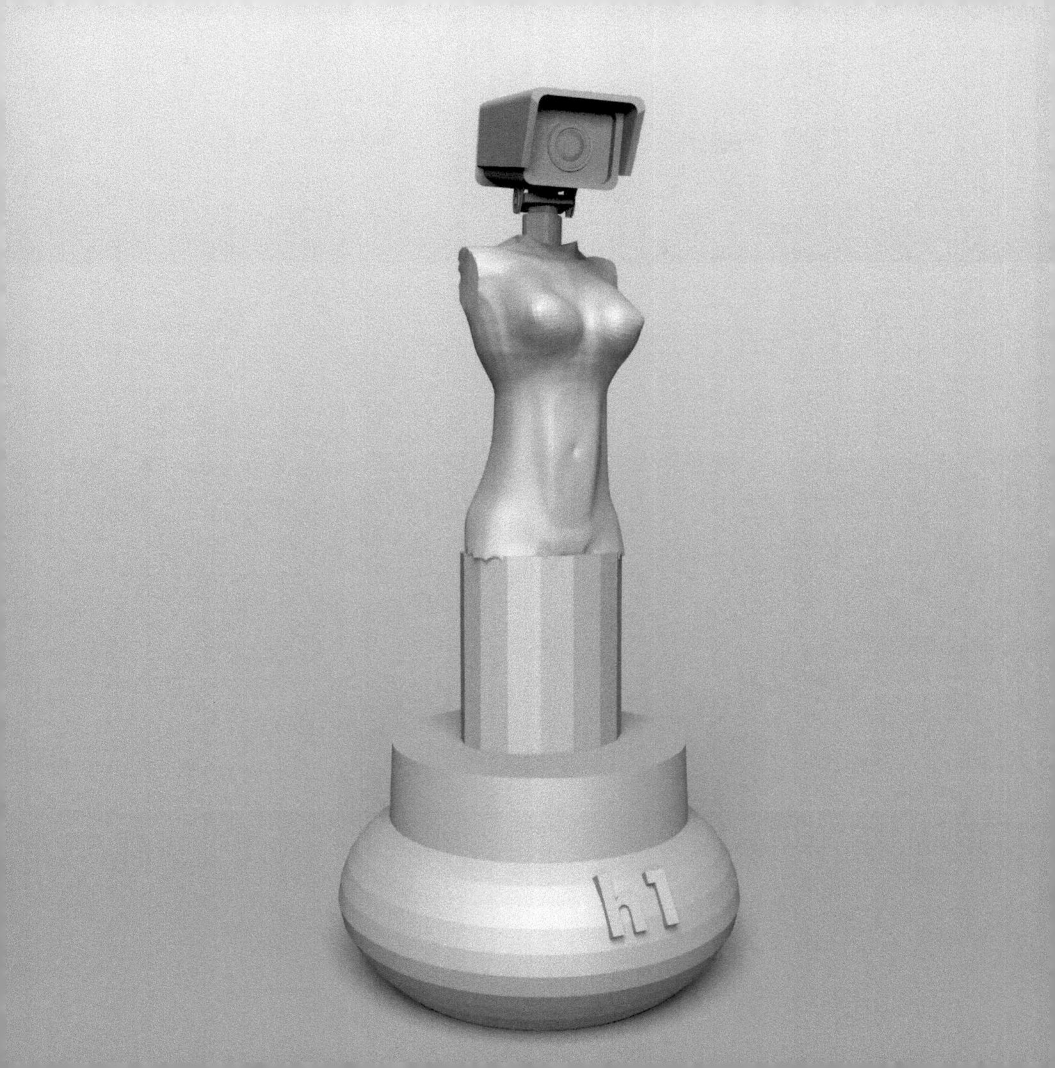
h1

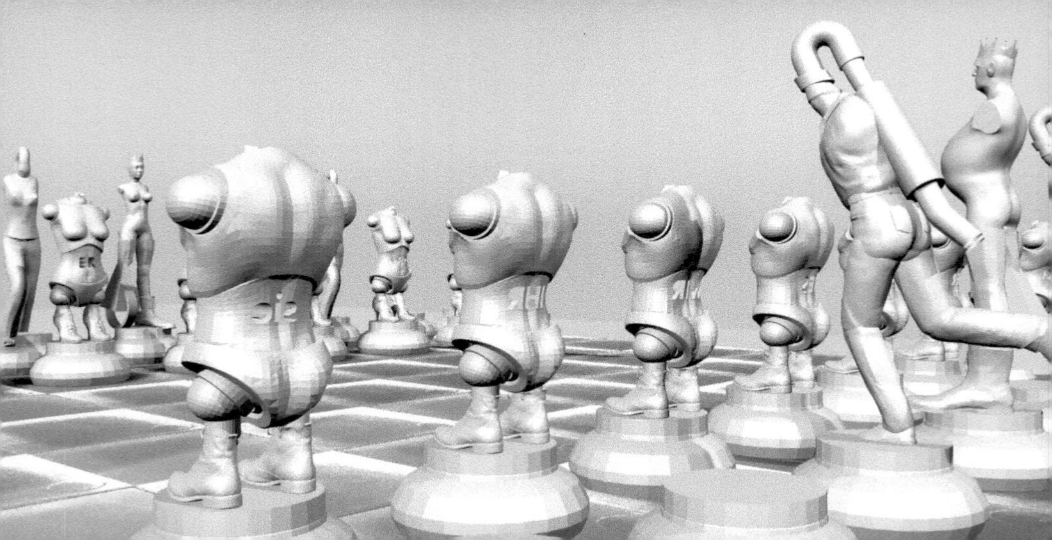

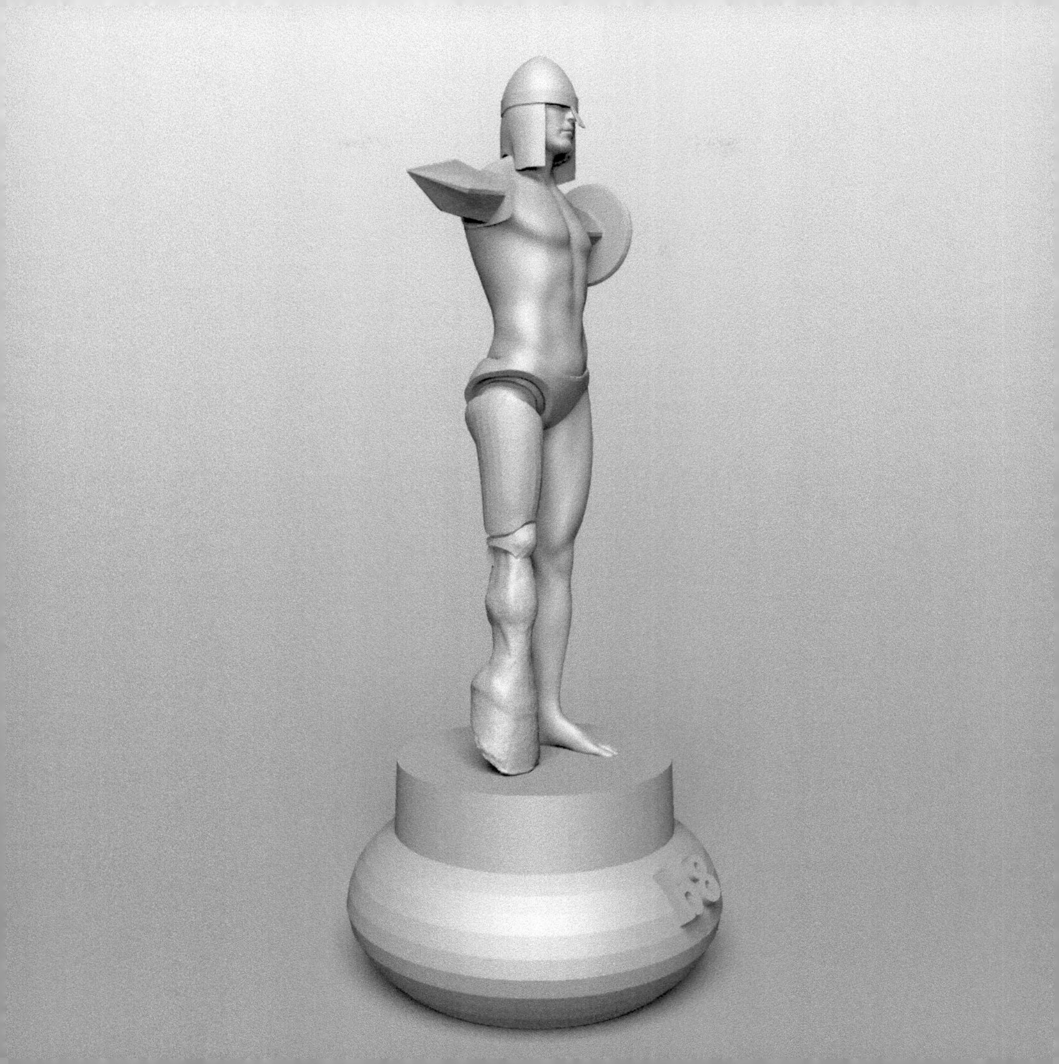

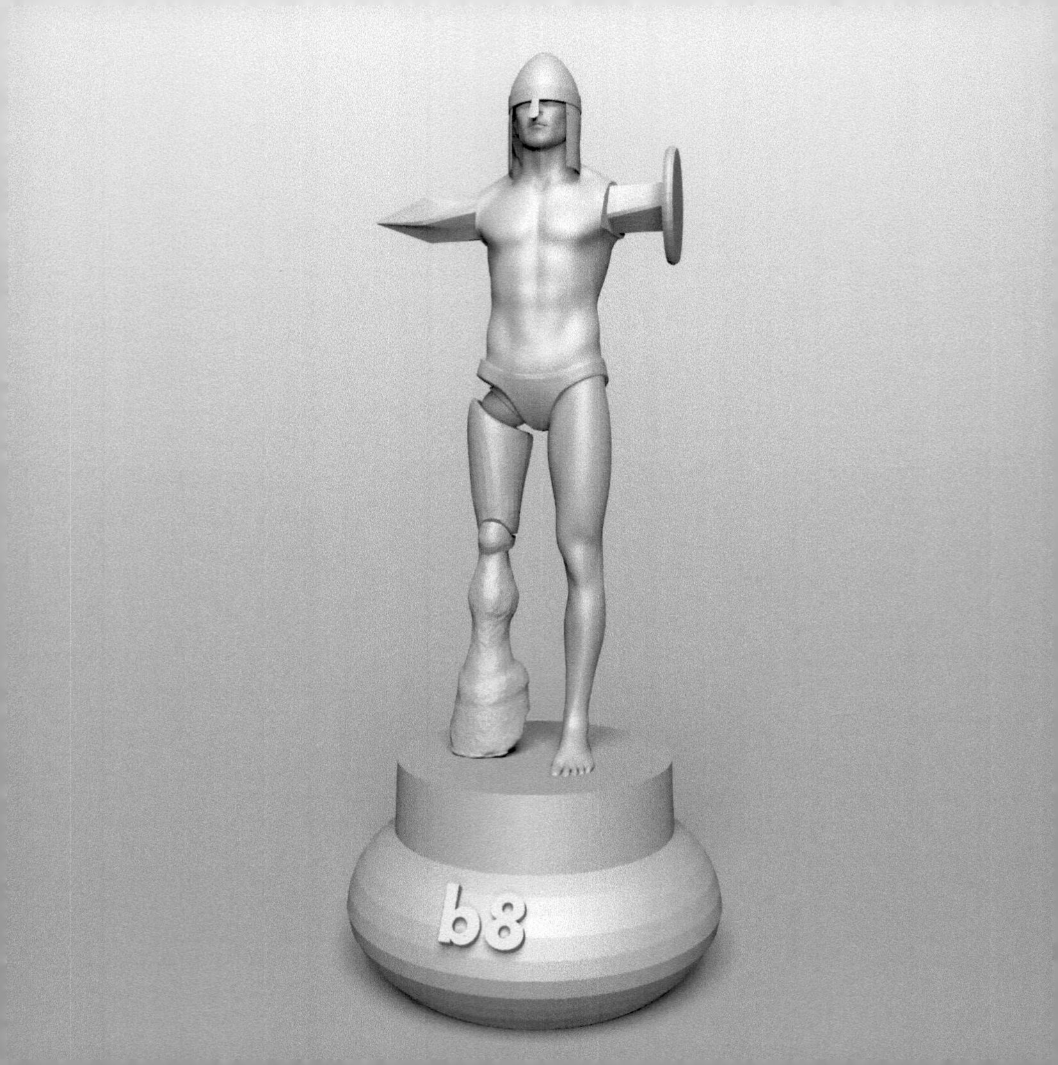
b8

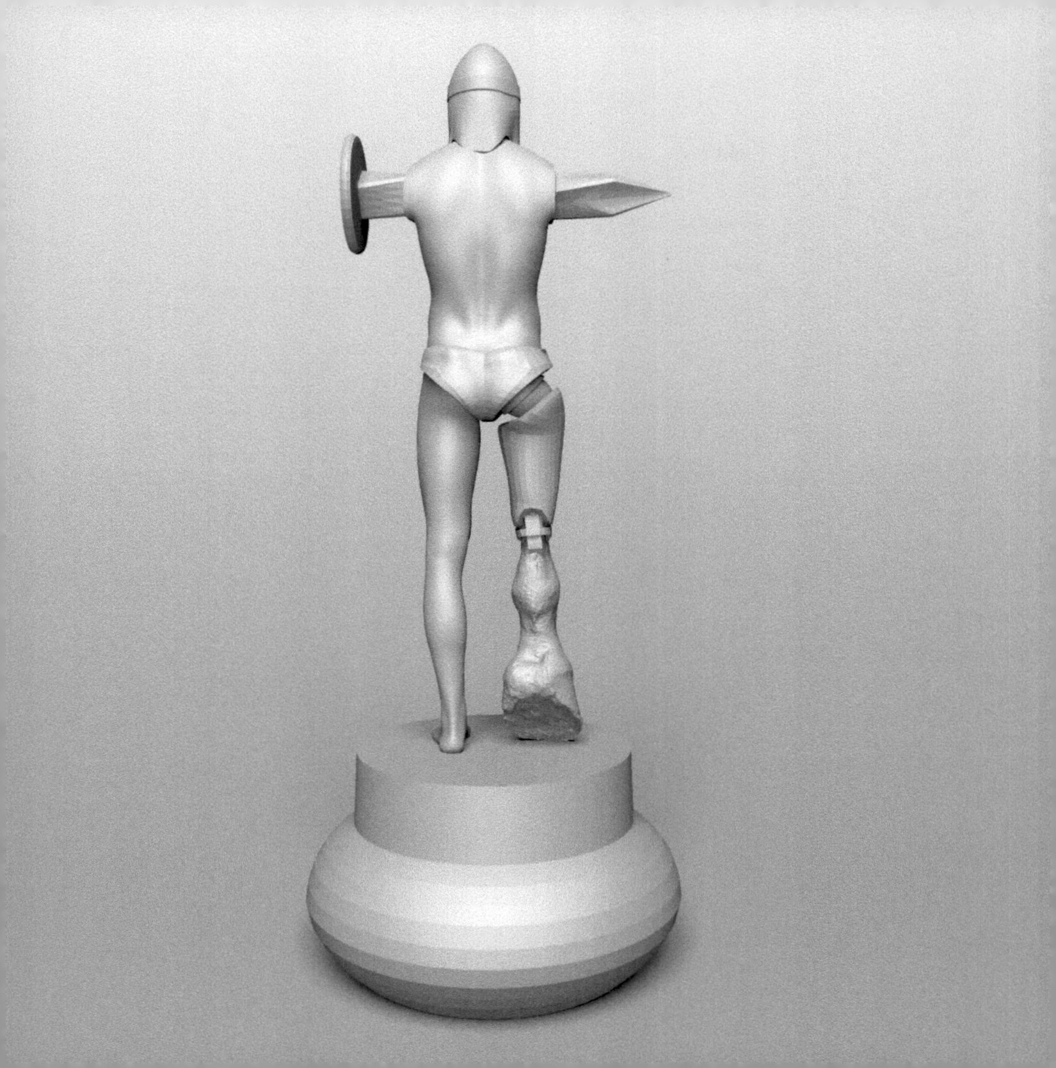

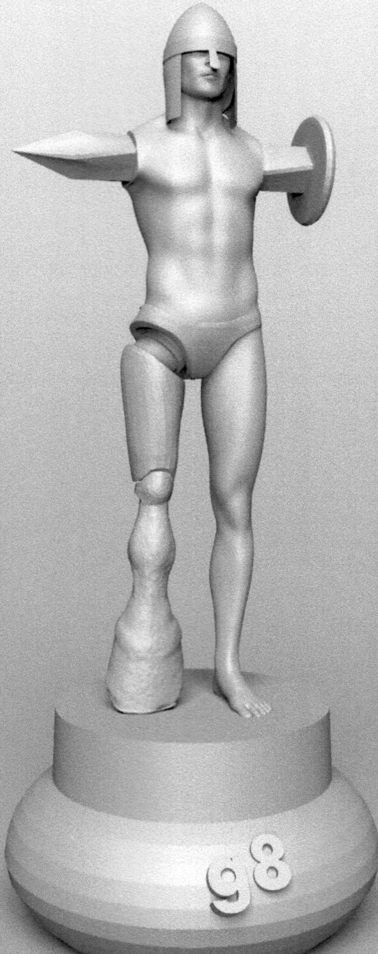
98

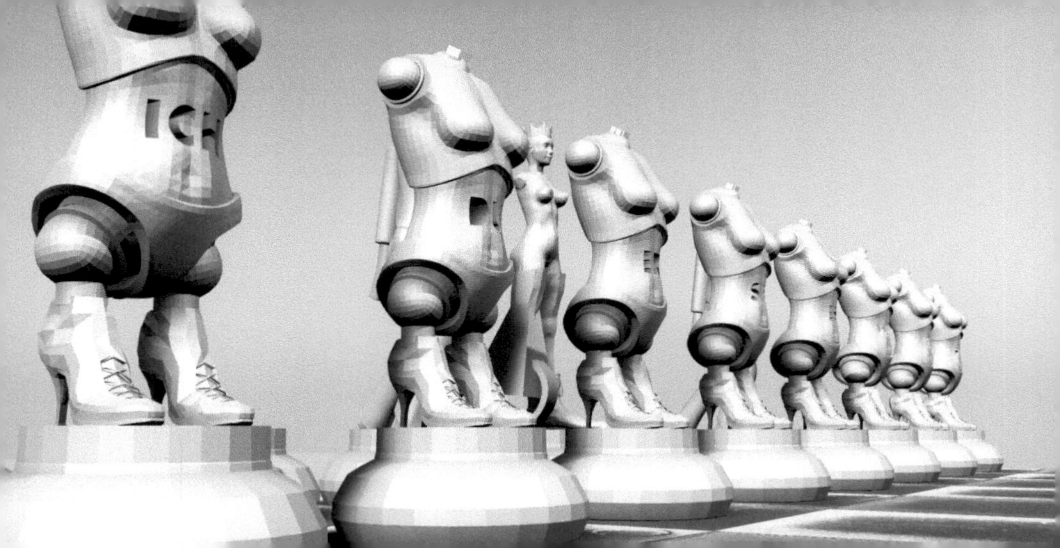
ICH

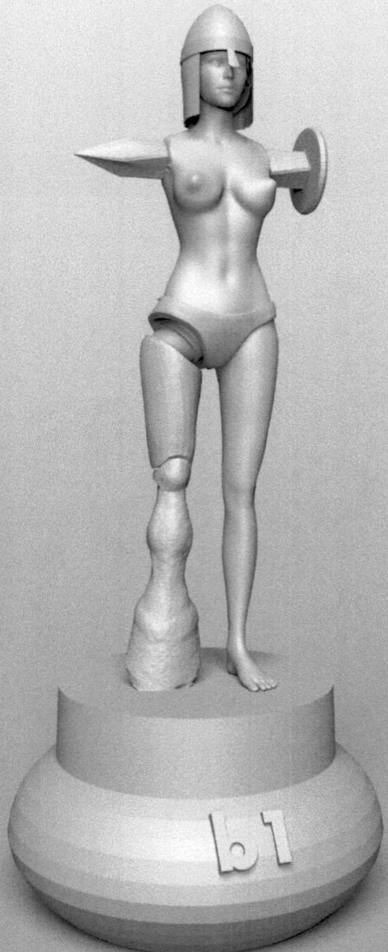
b1

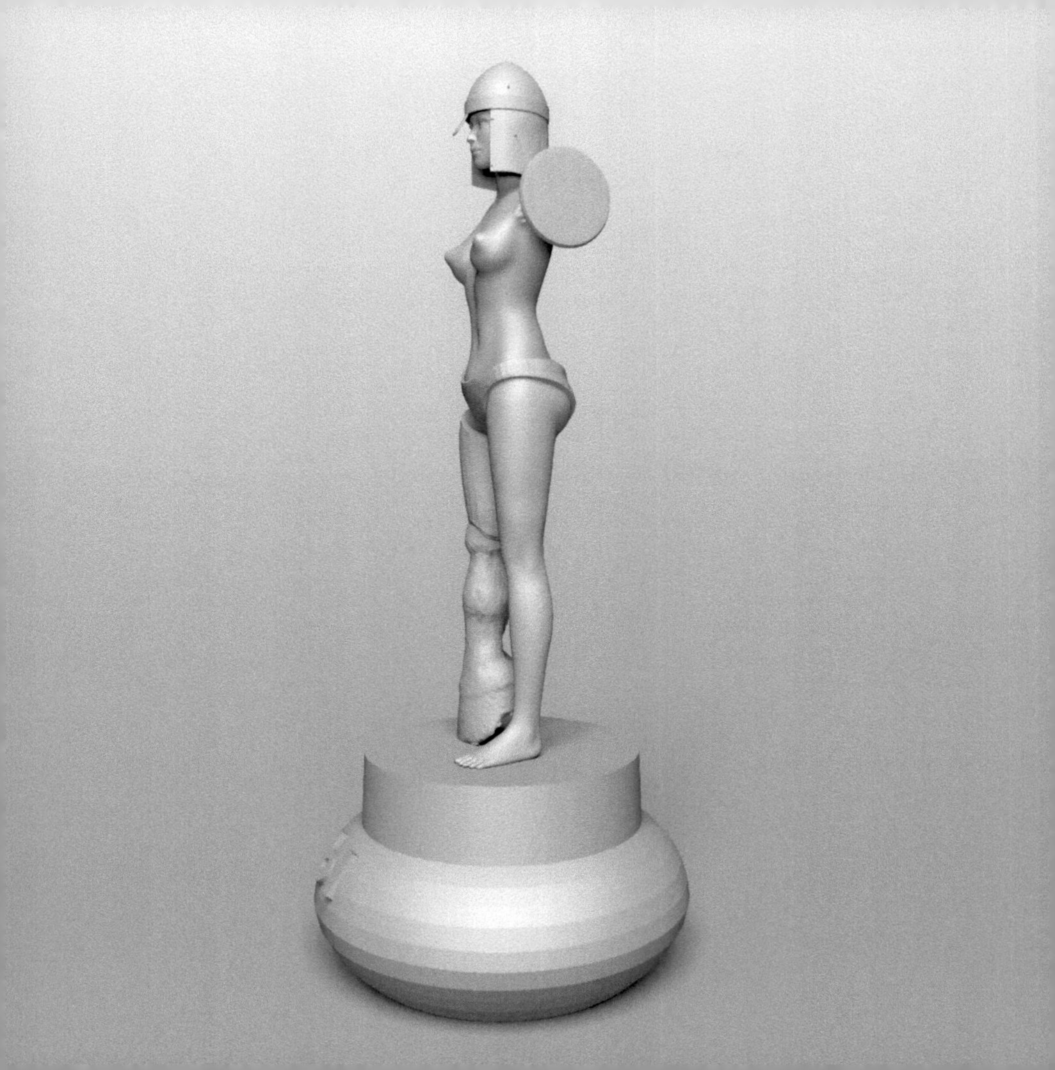

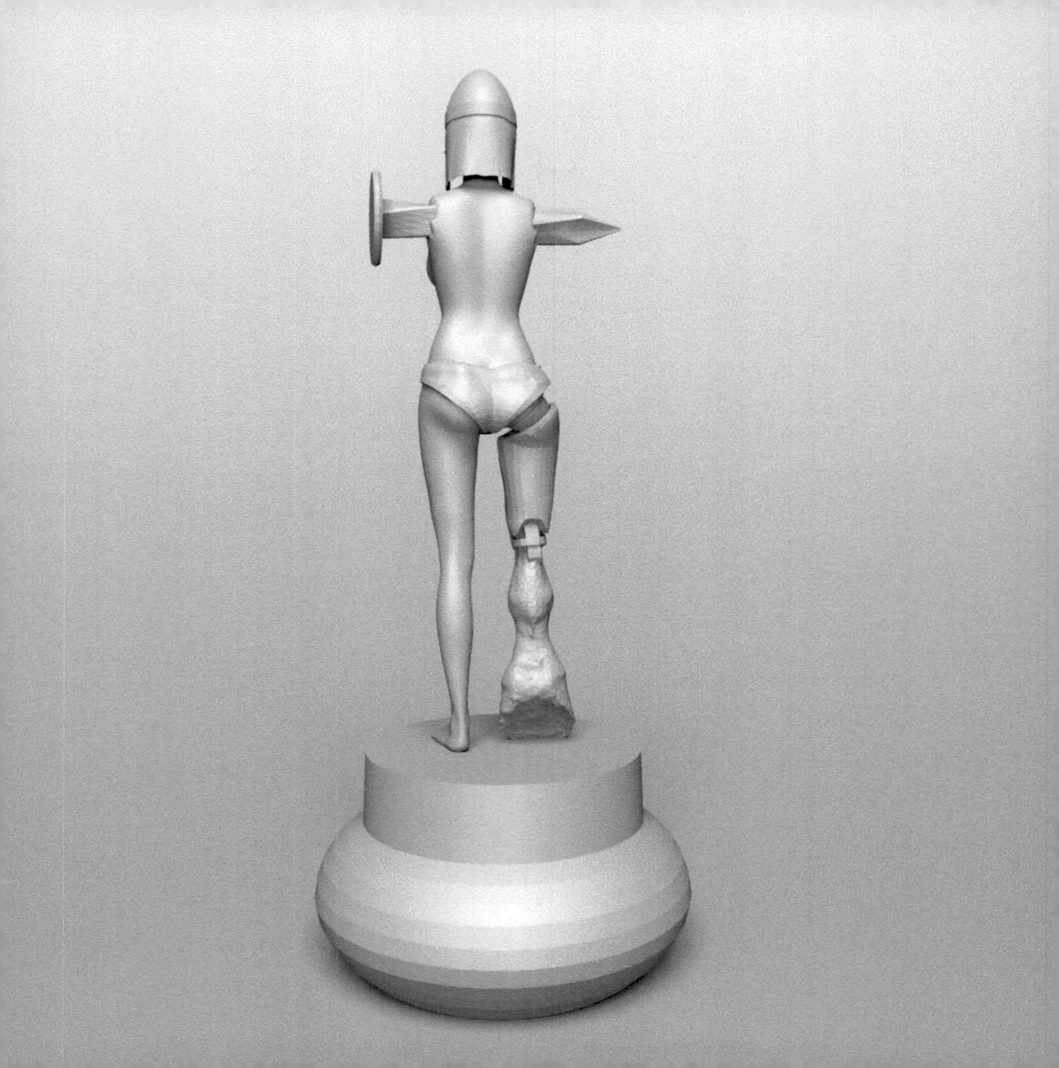

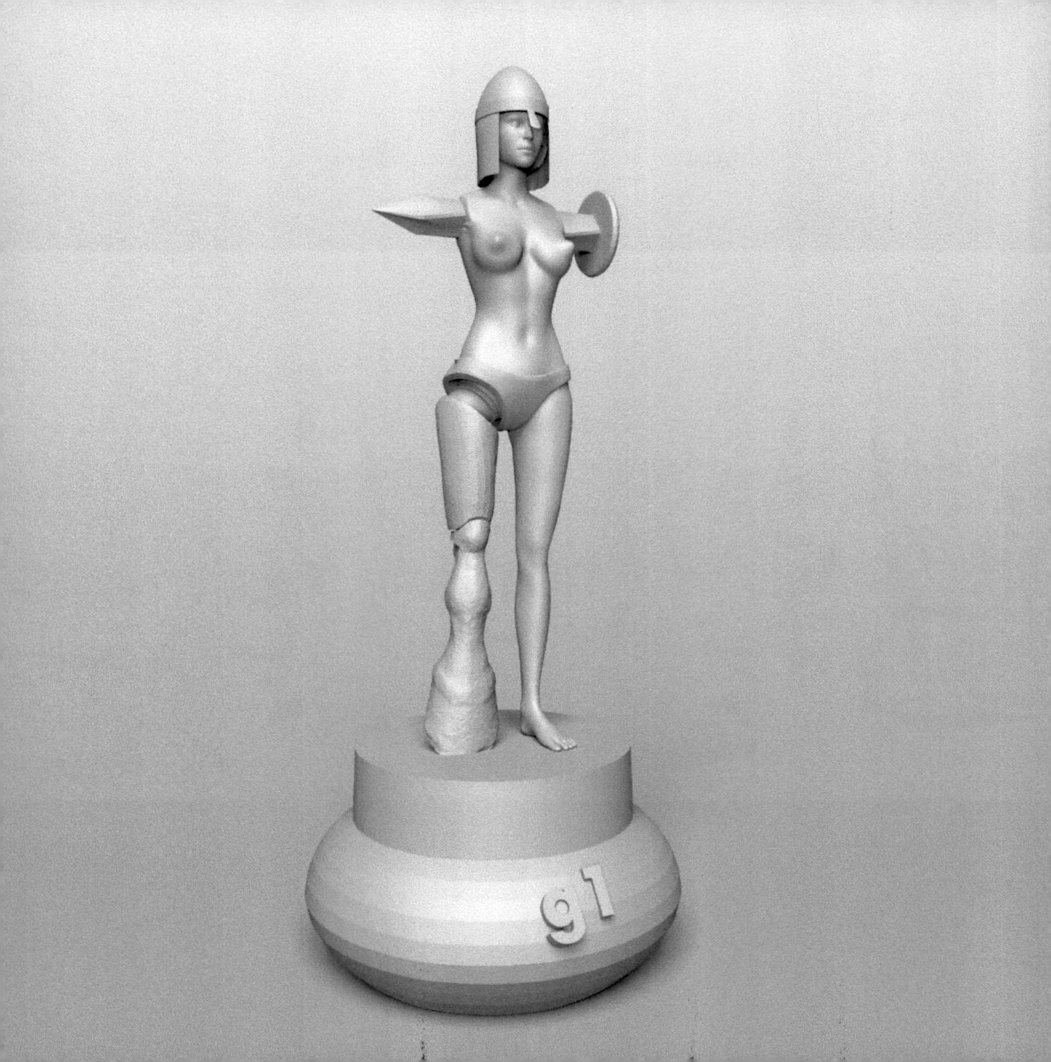
91

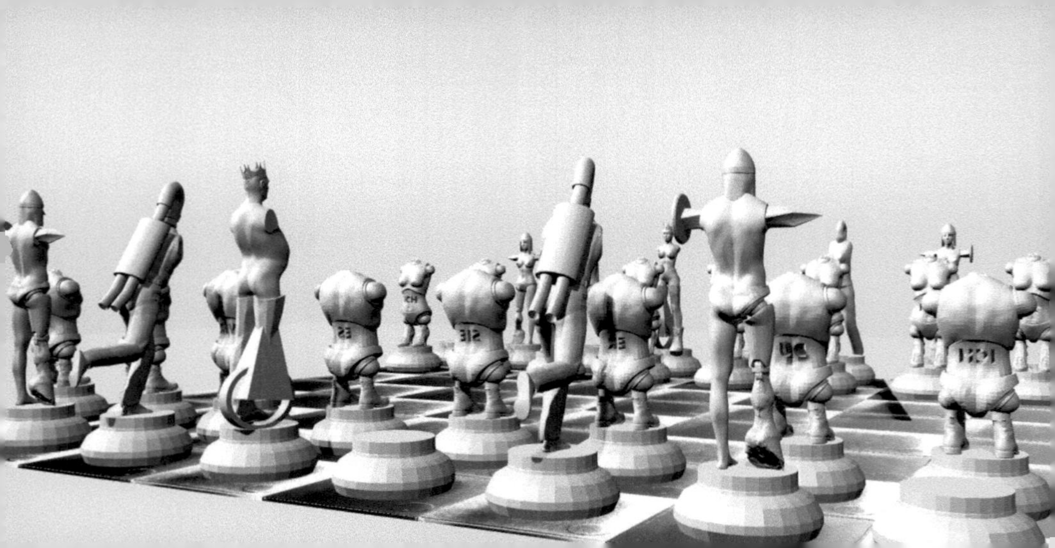

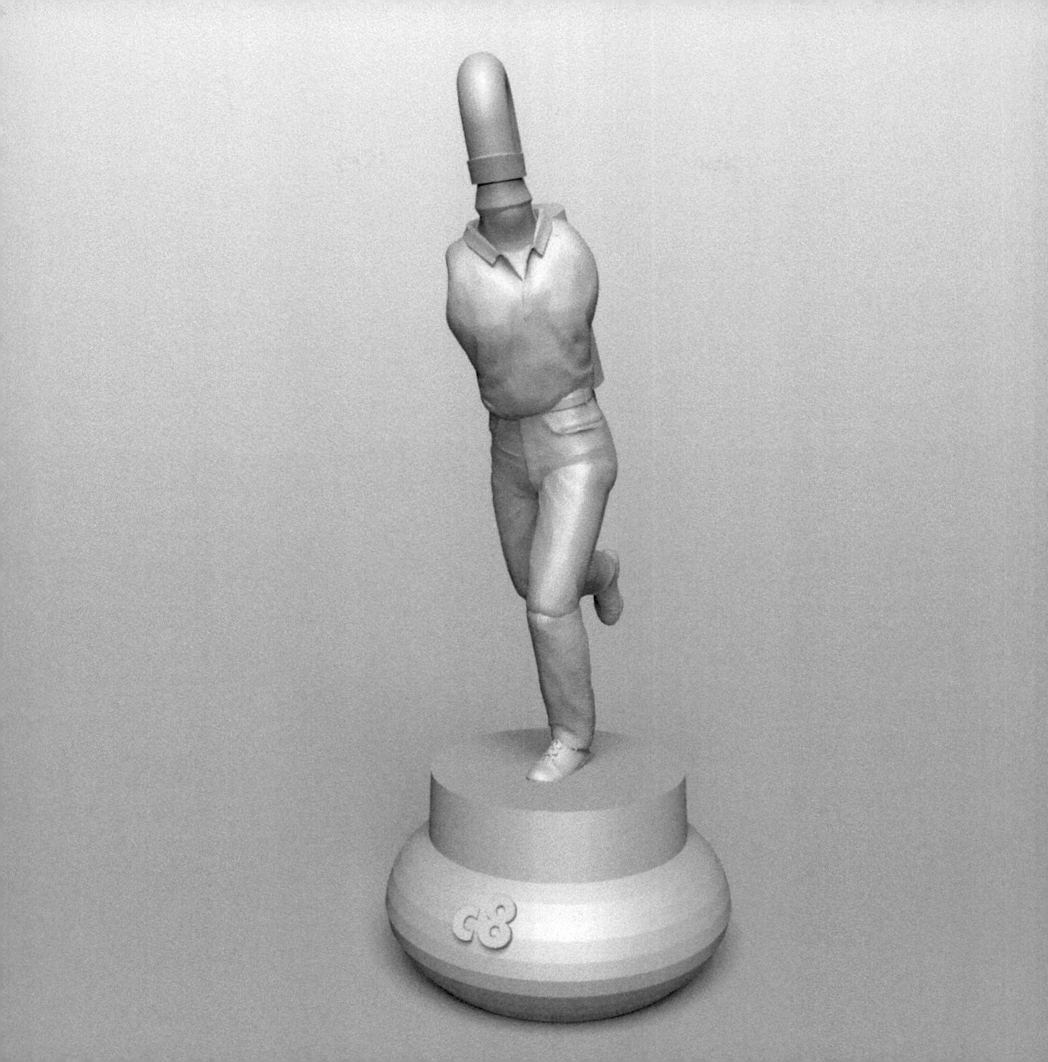
c8

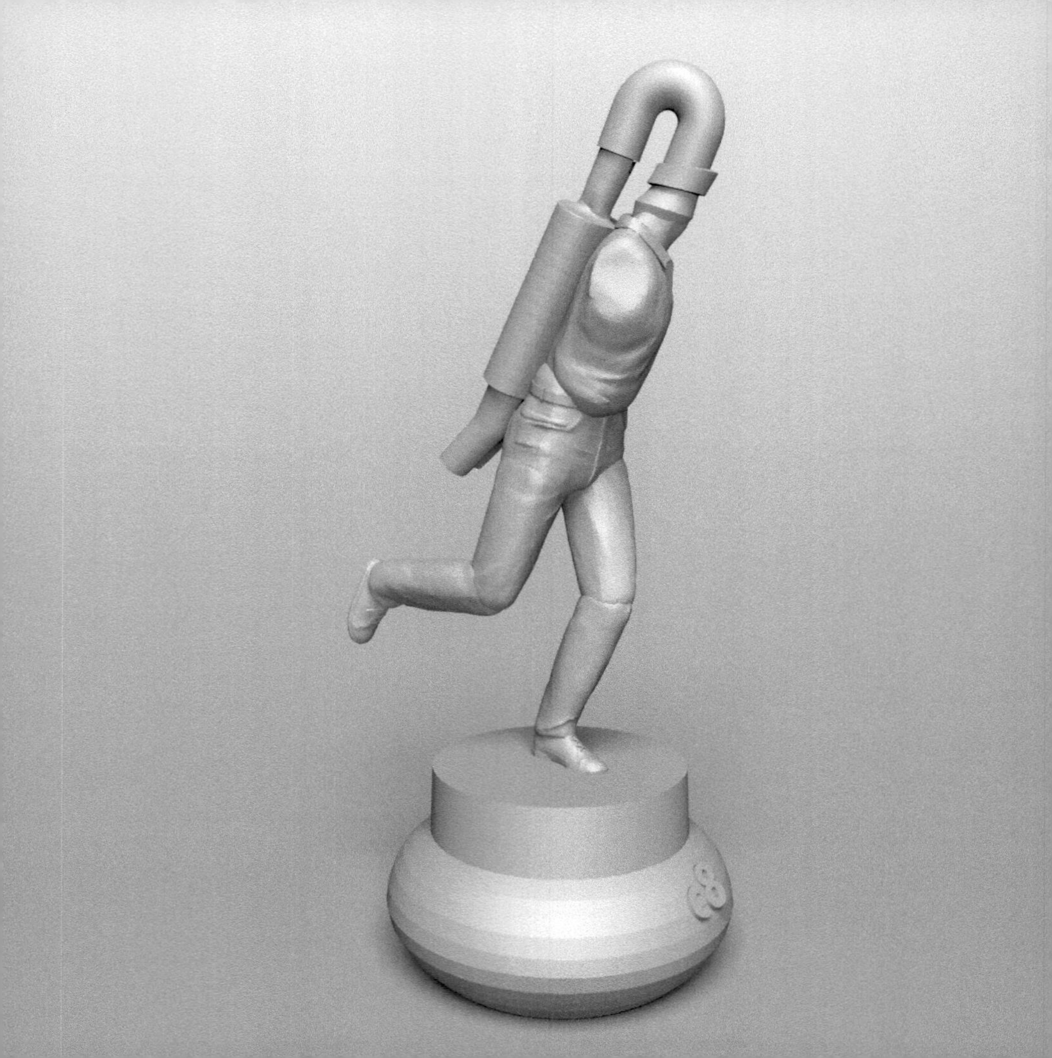

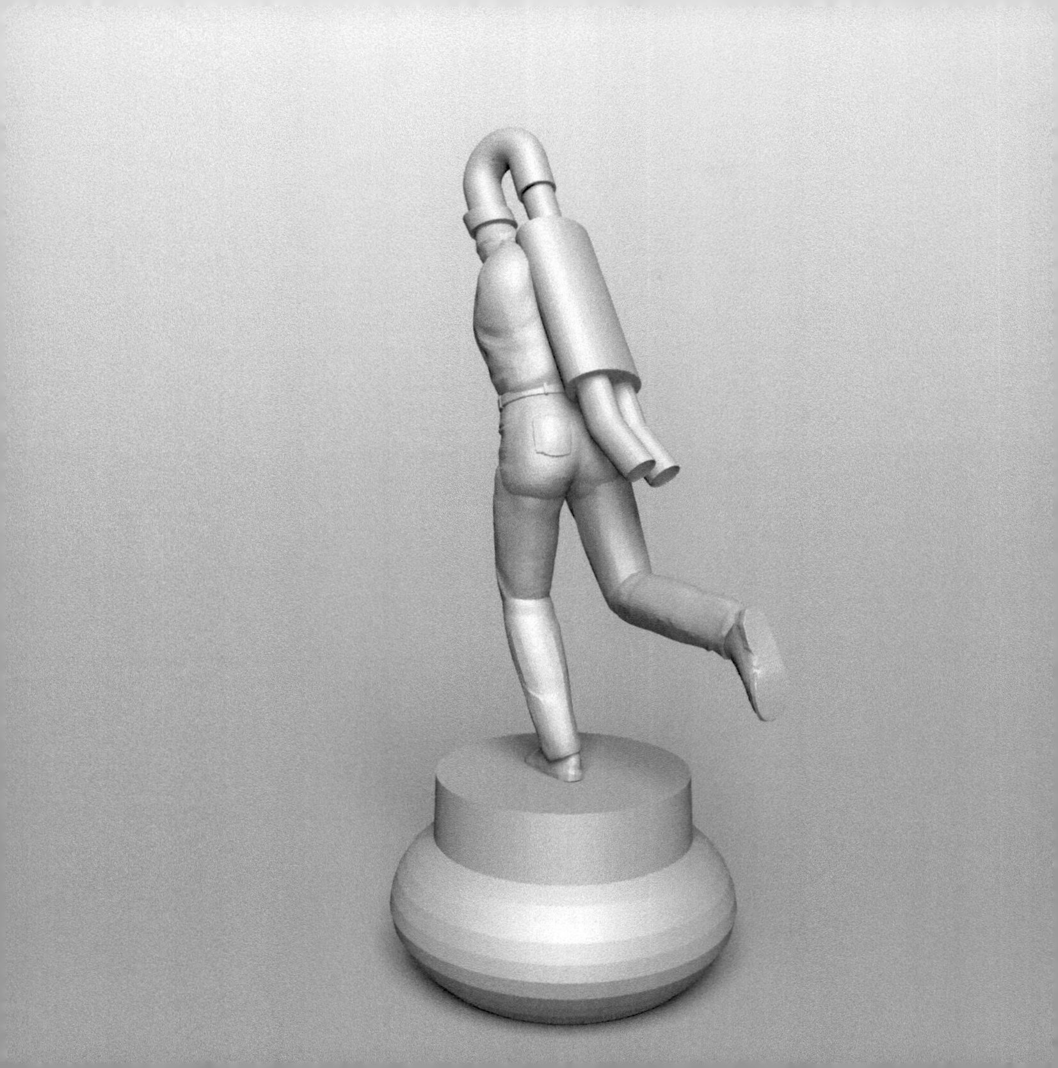

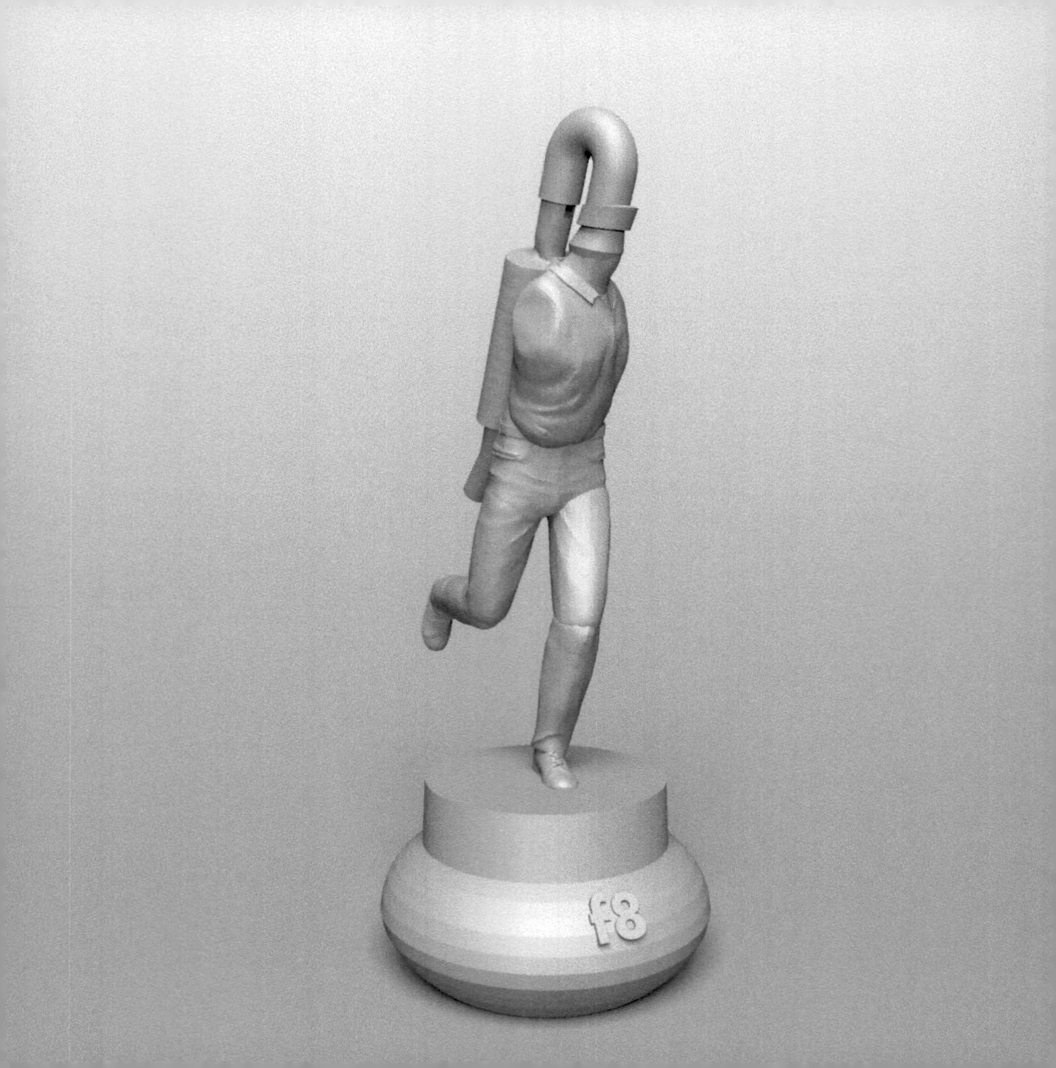

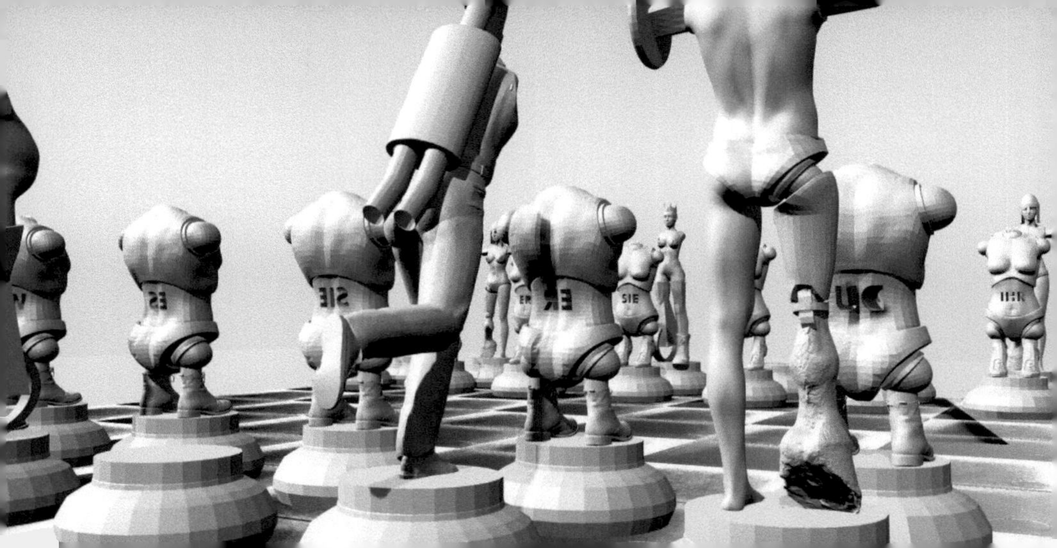
ER
SIE
IHR

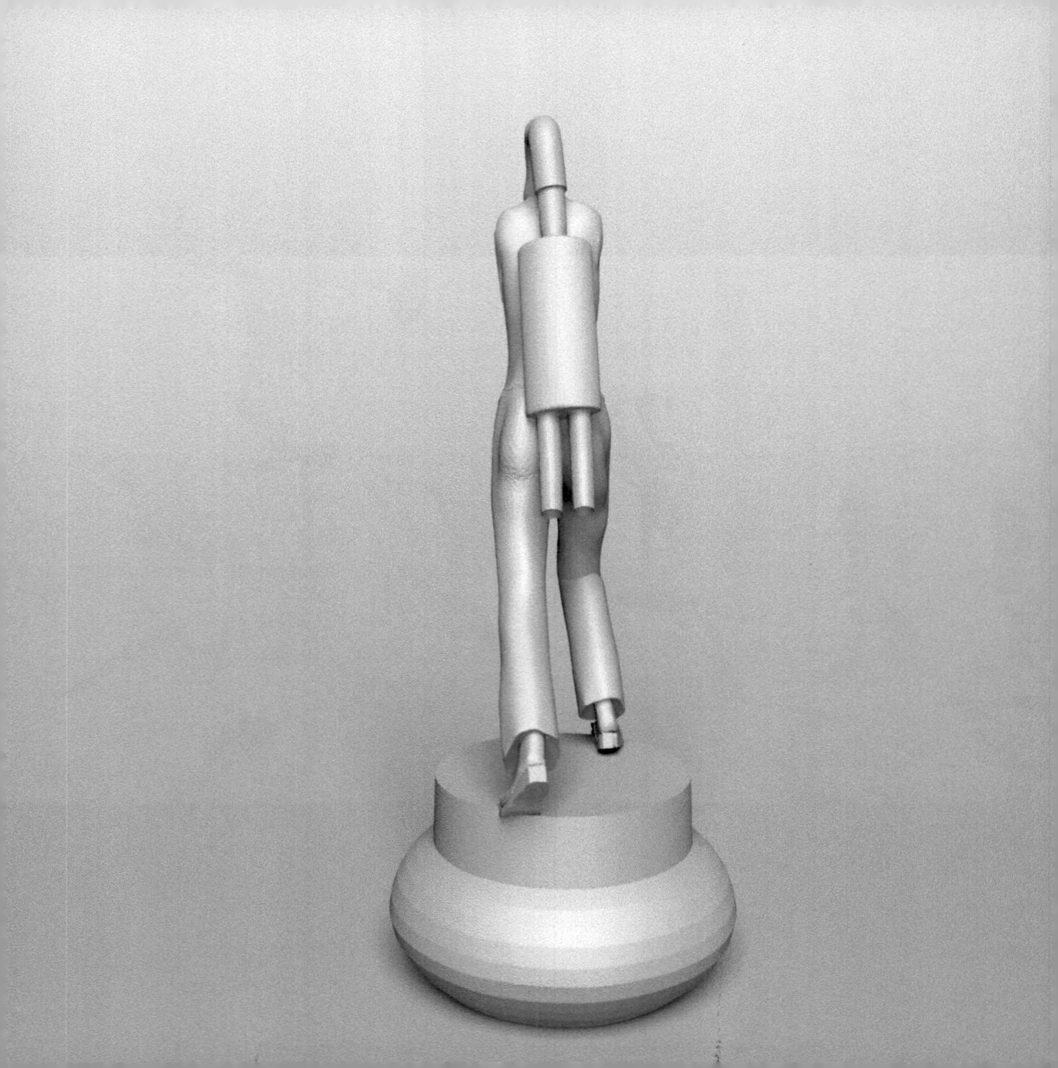

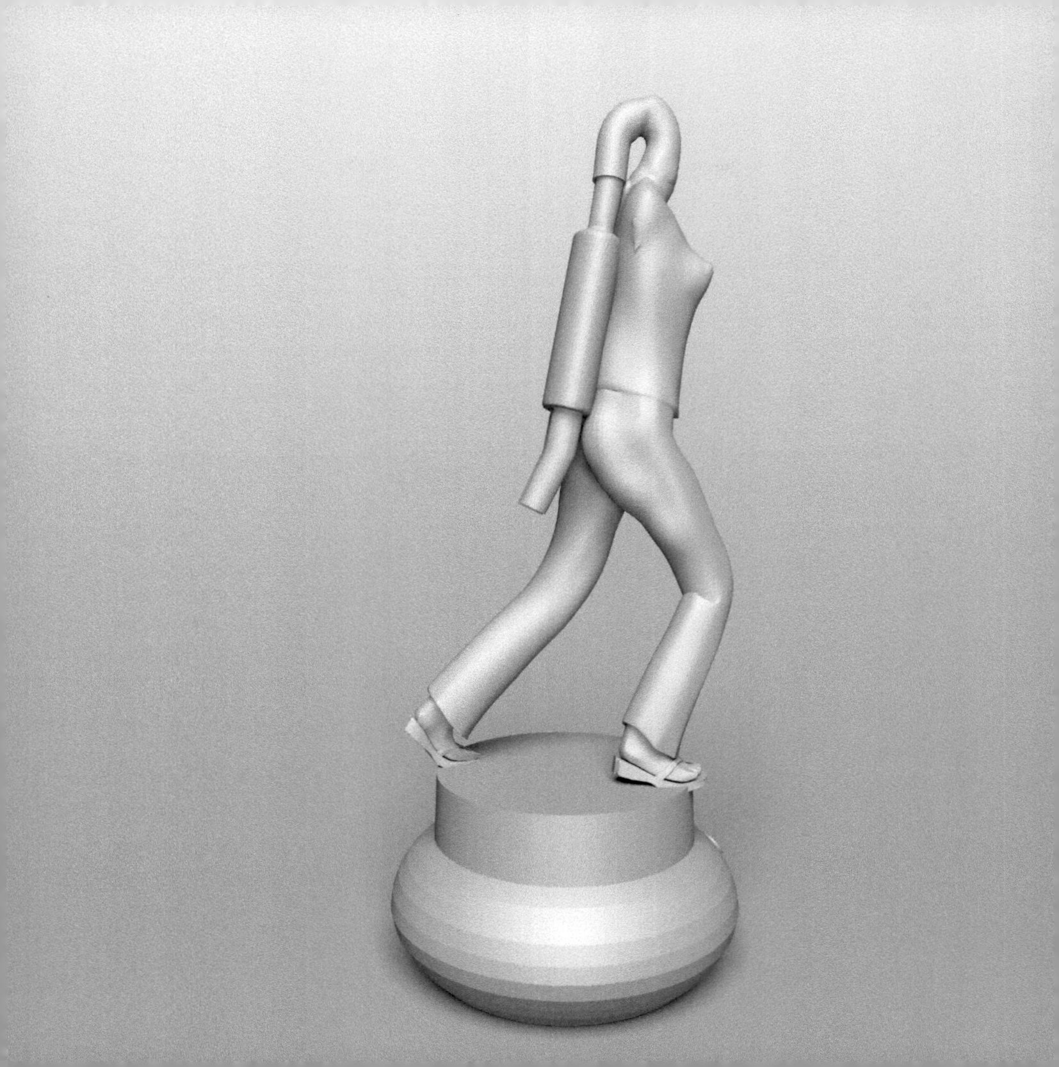

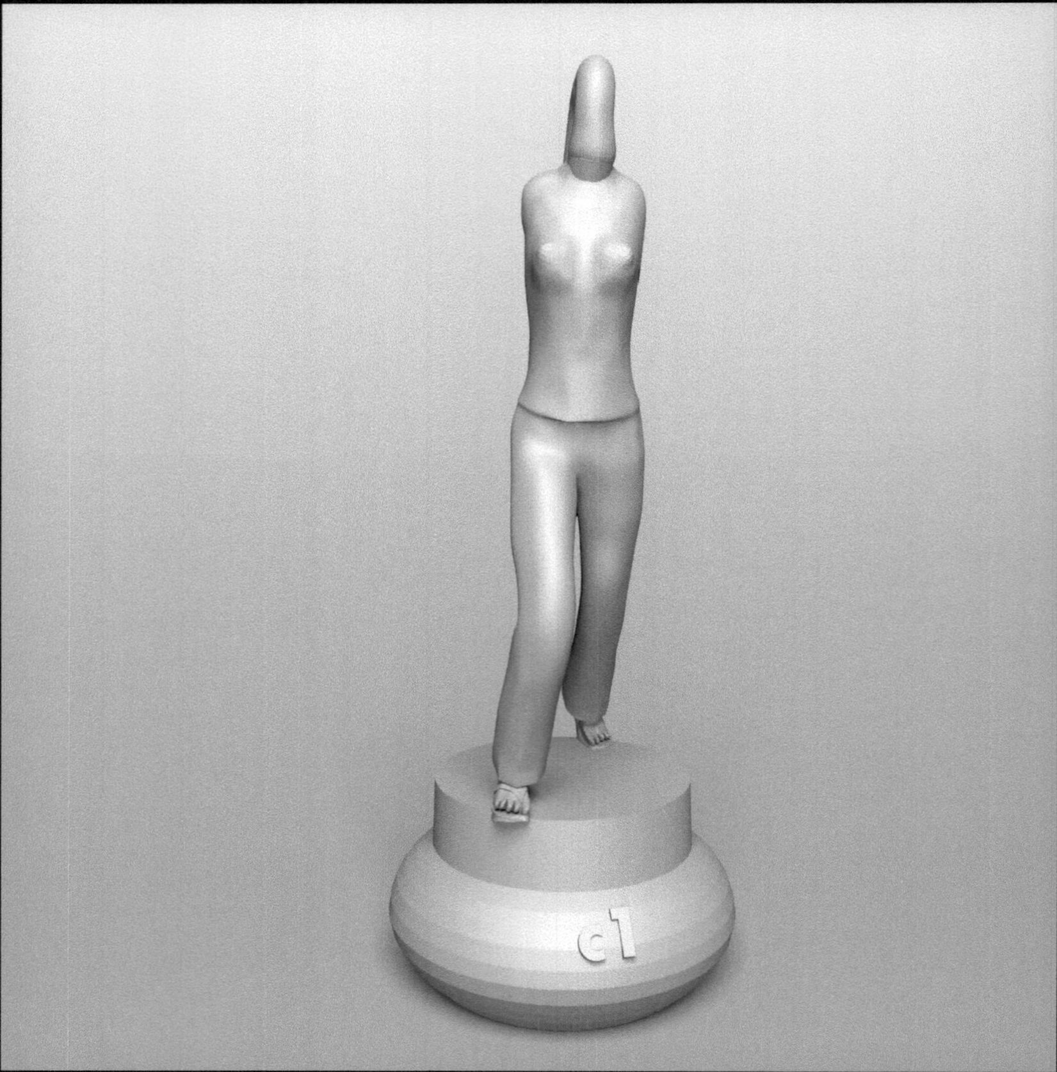
c1

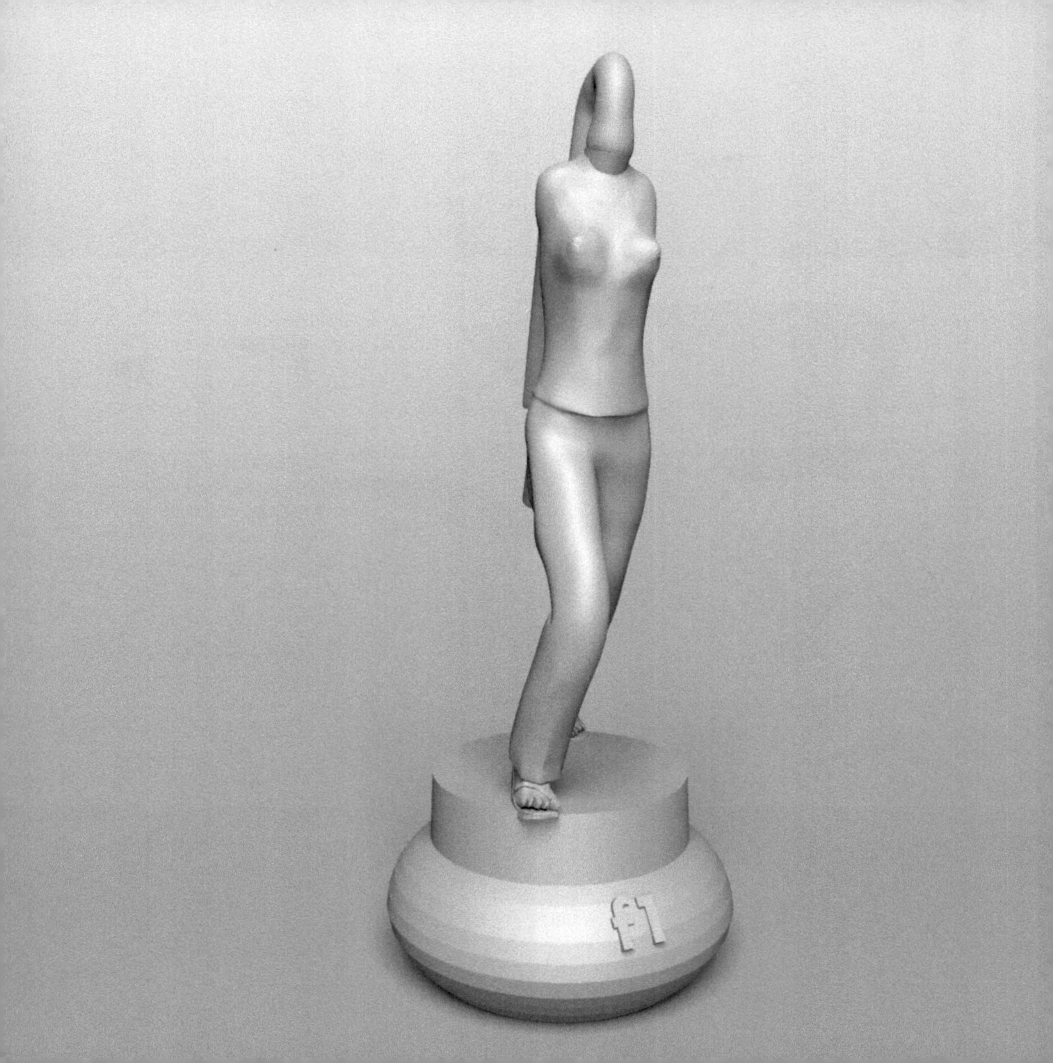

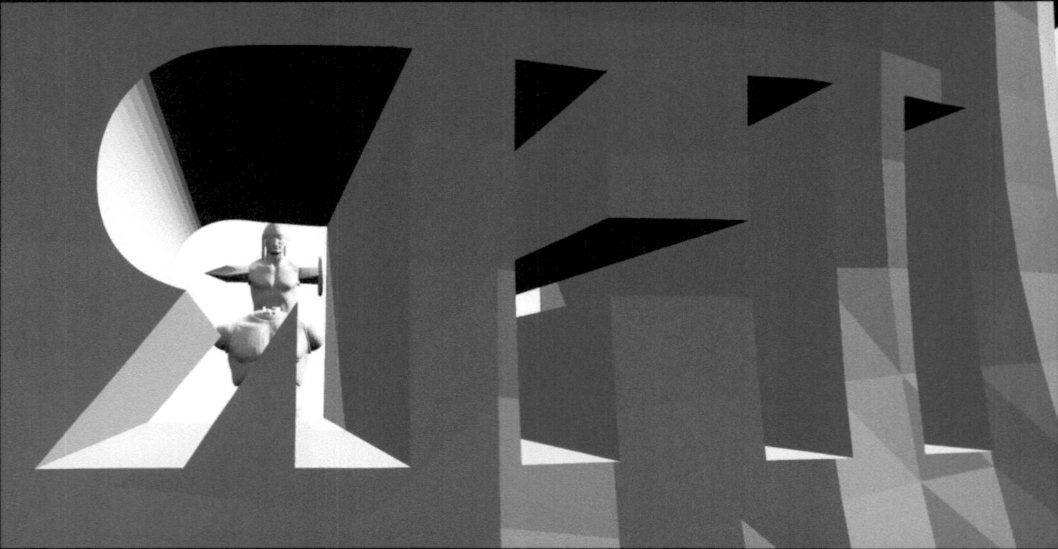

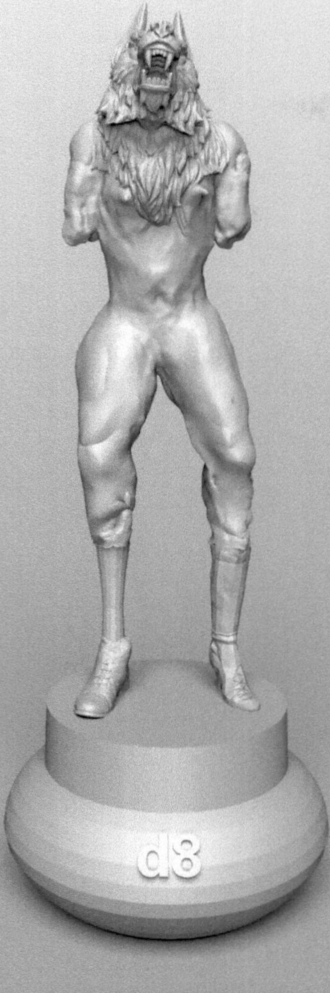
d8

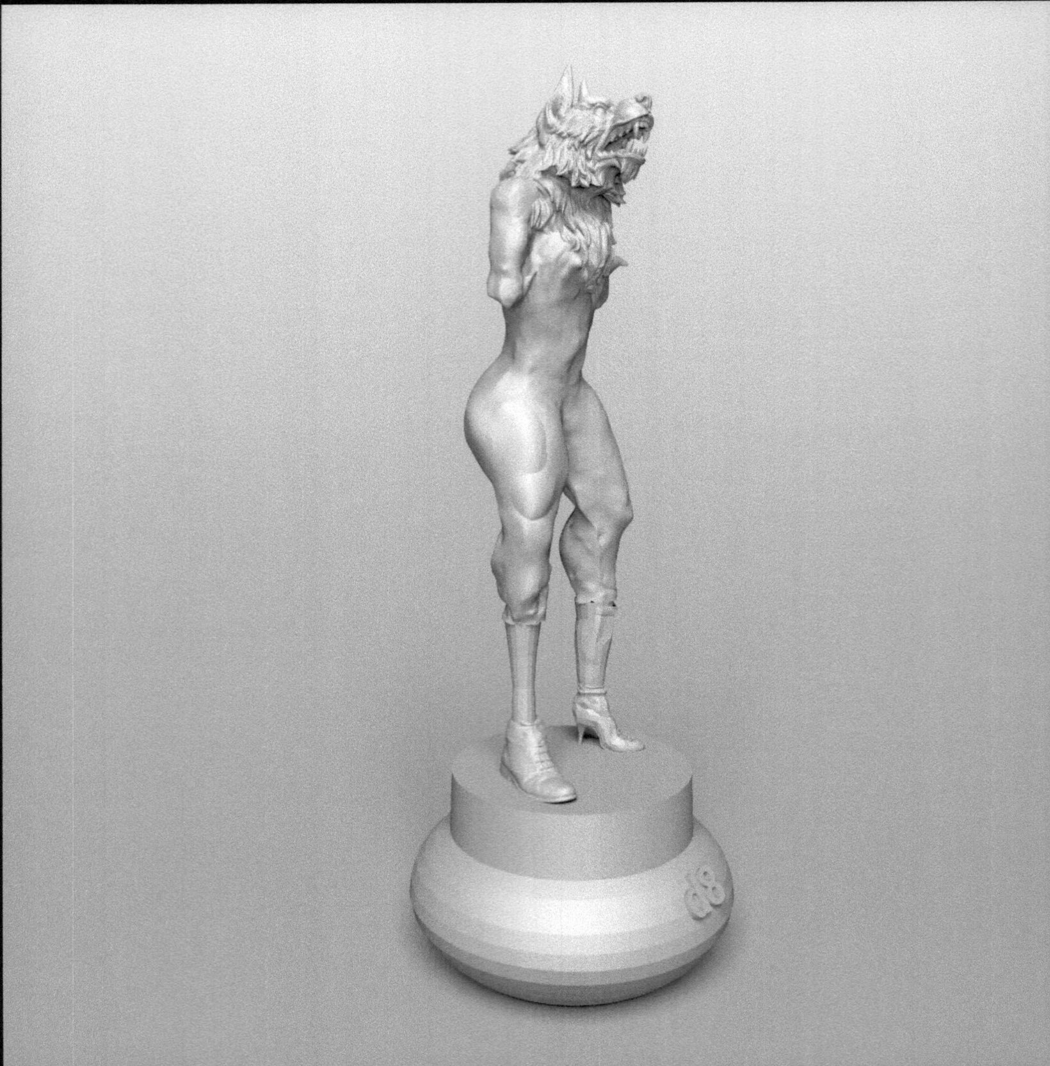

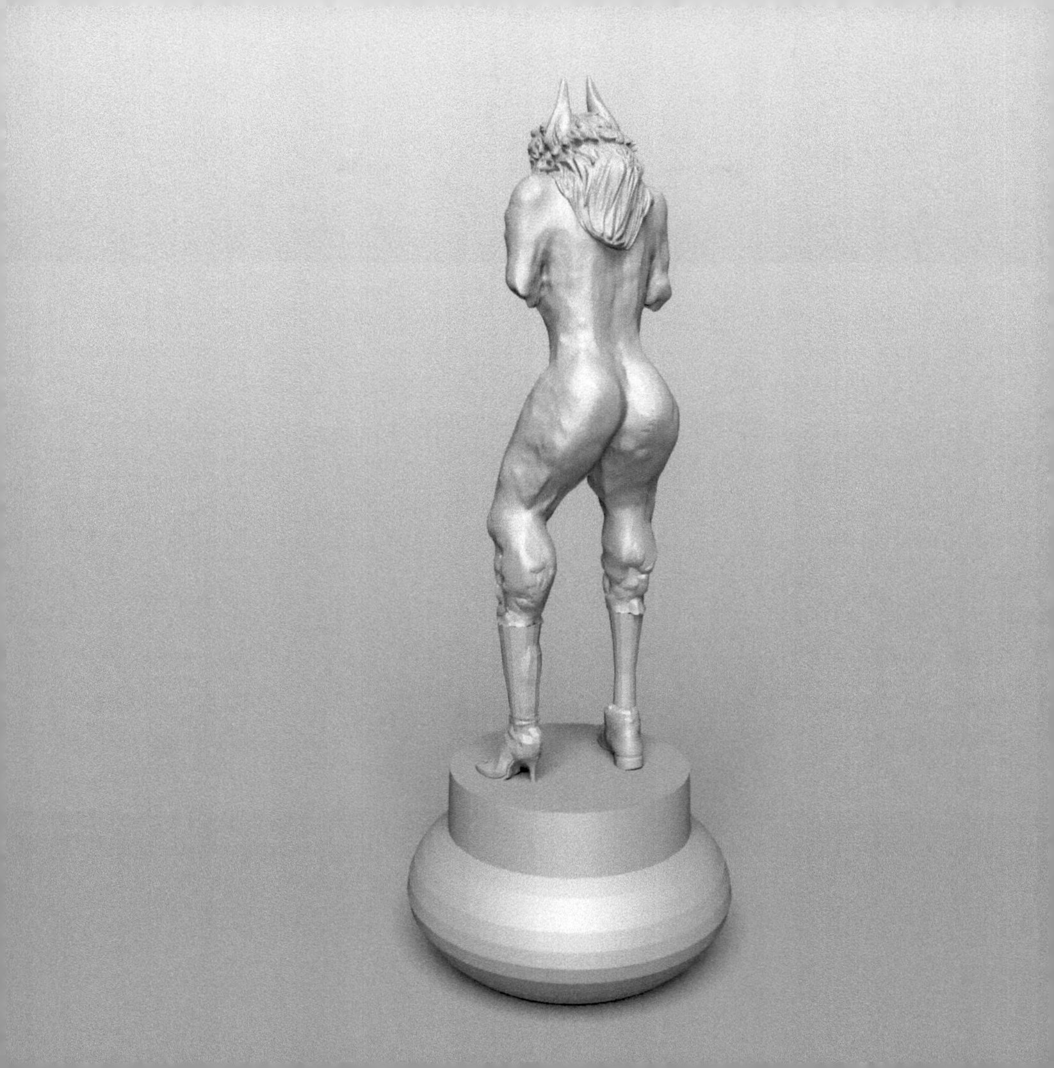

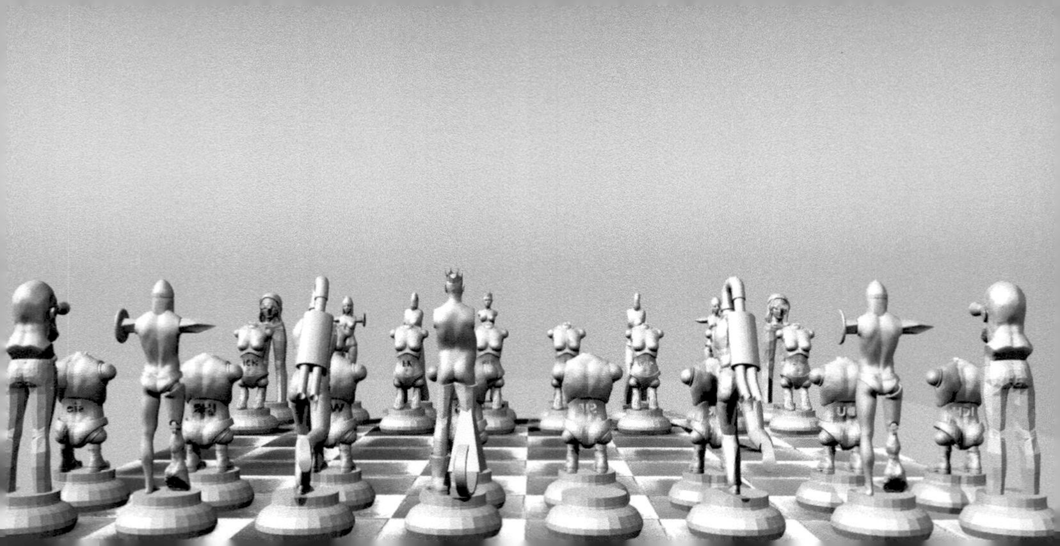

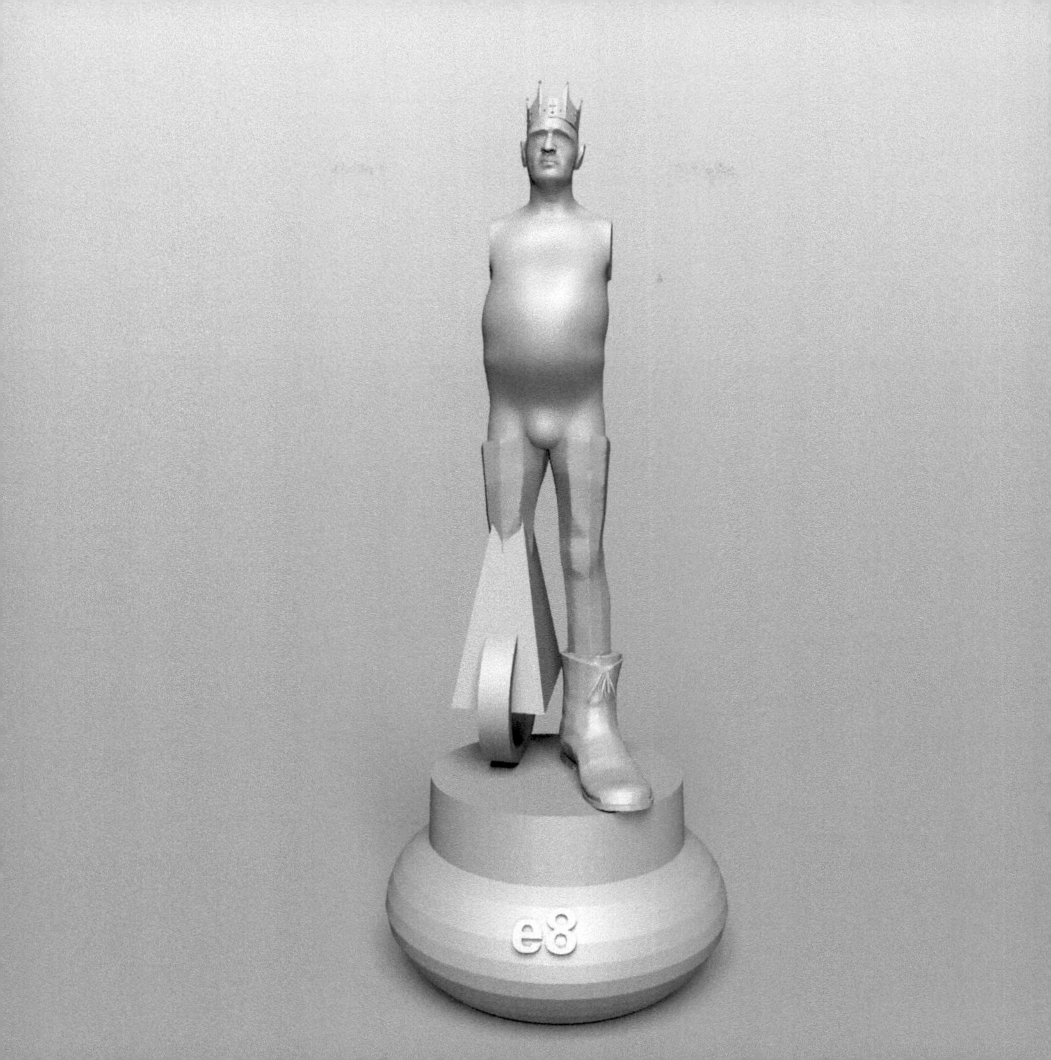
e8

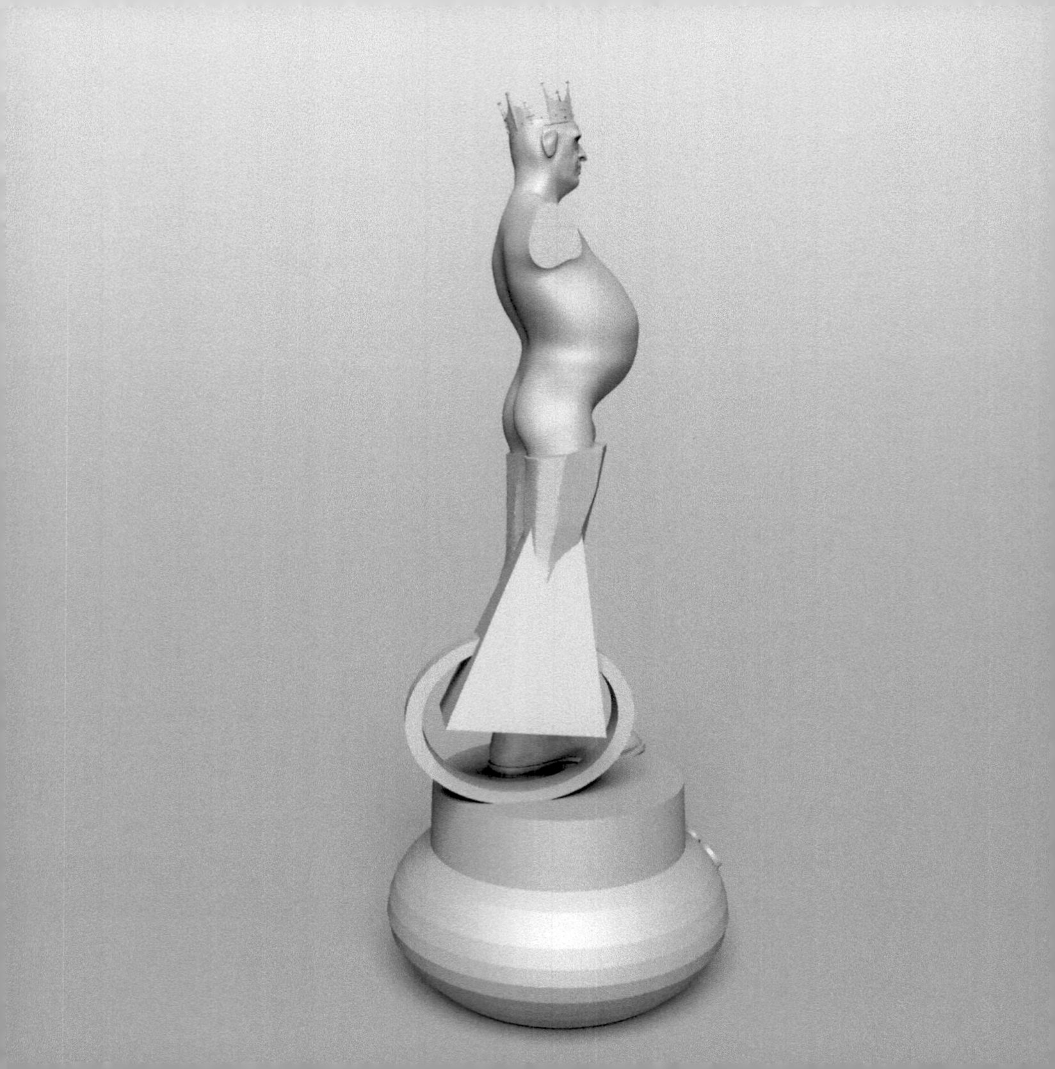

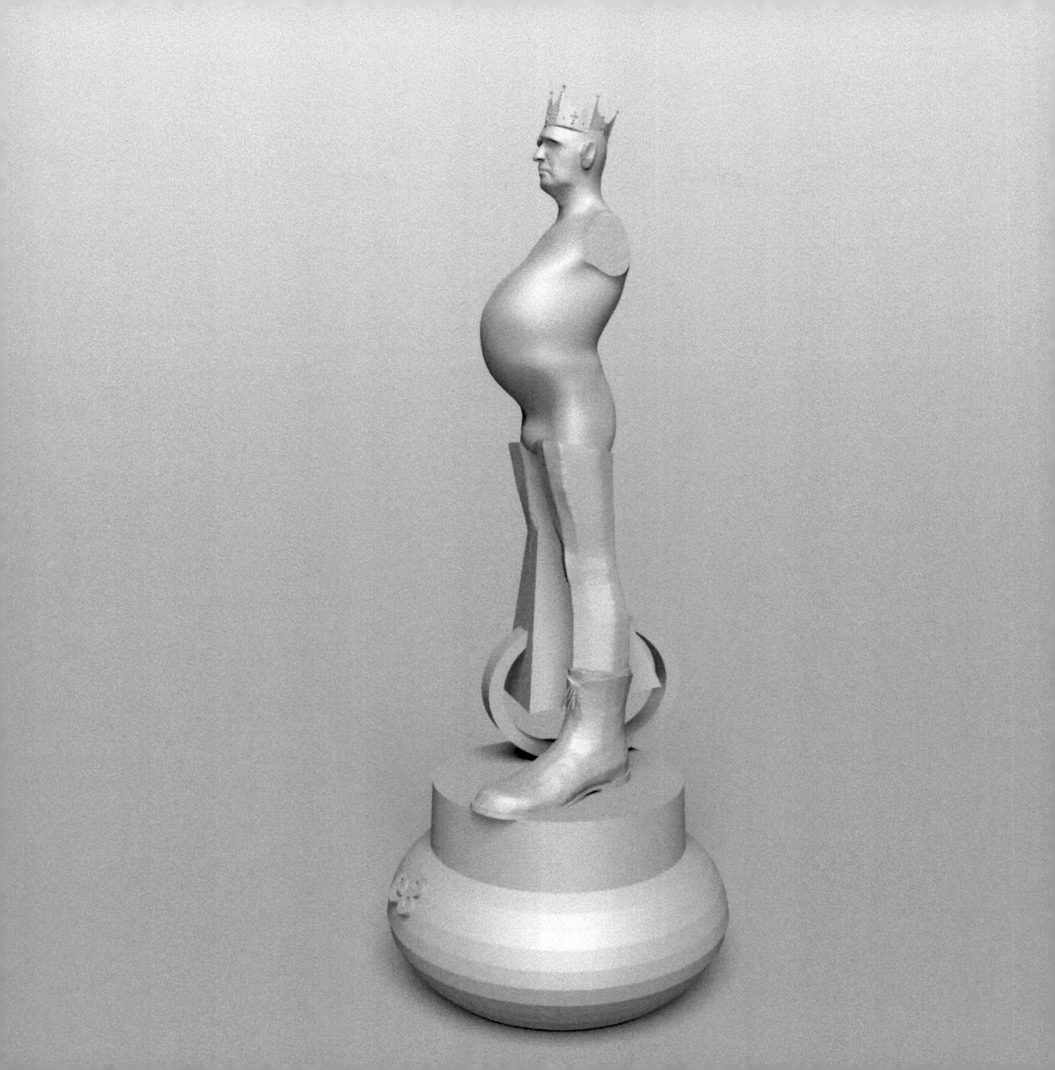

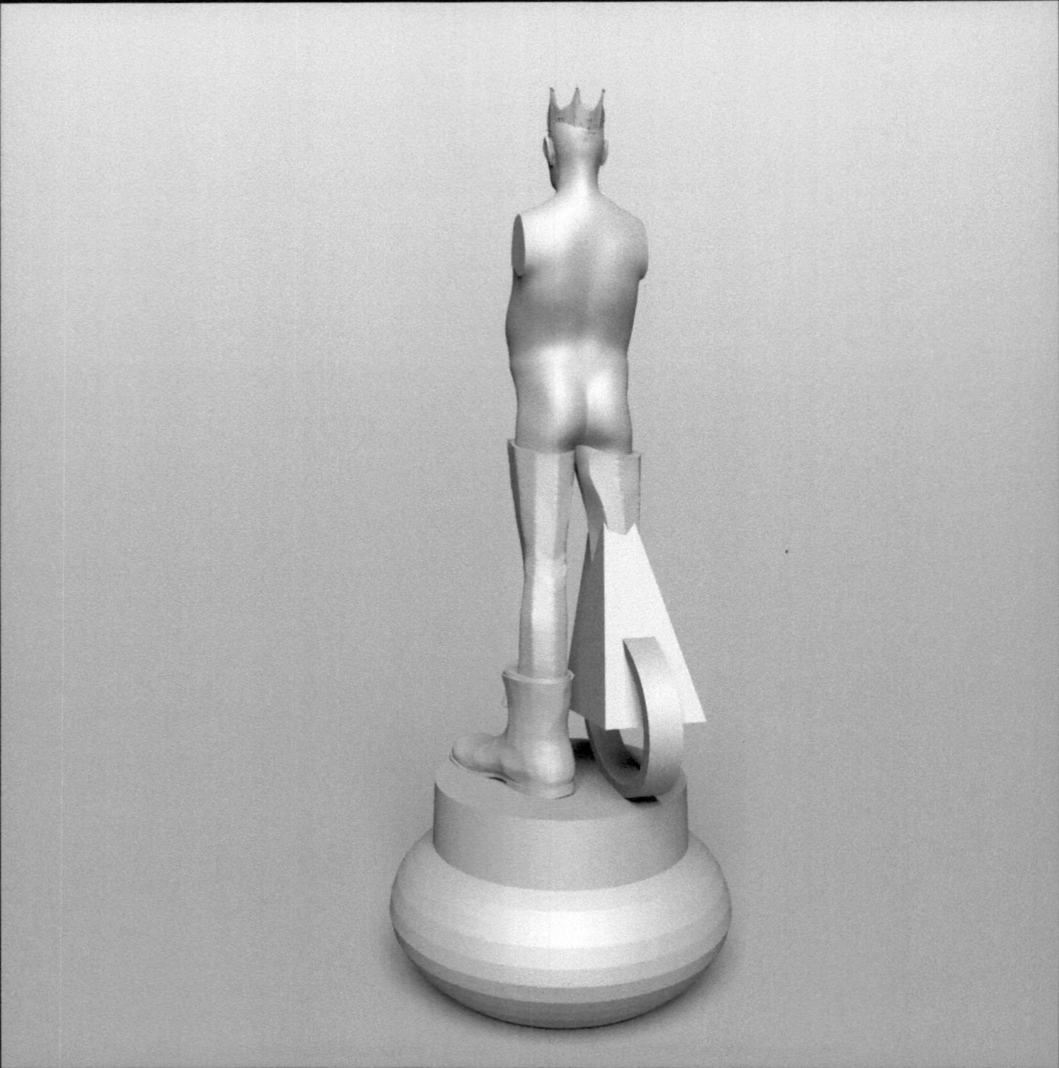

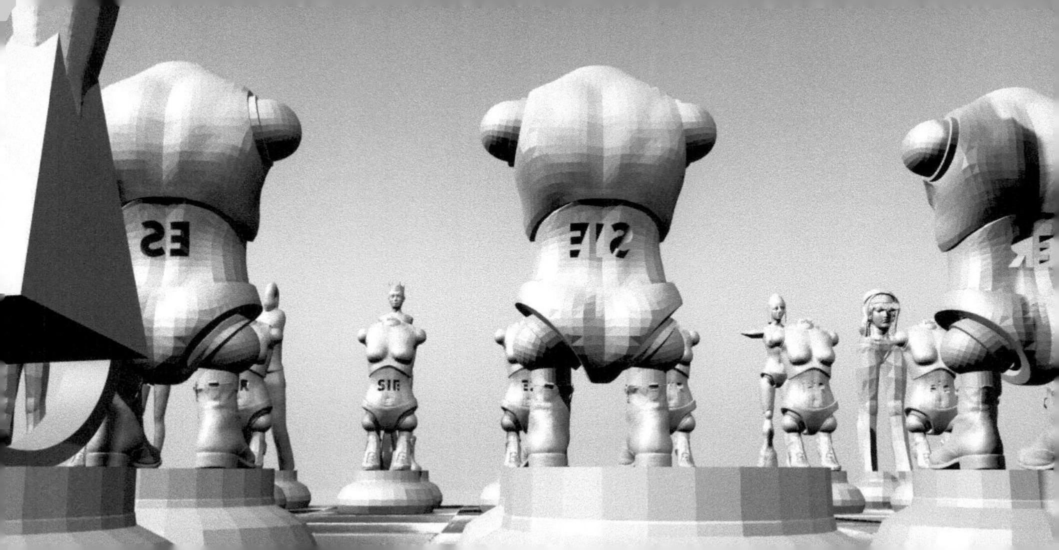
SIE

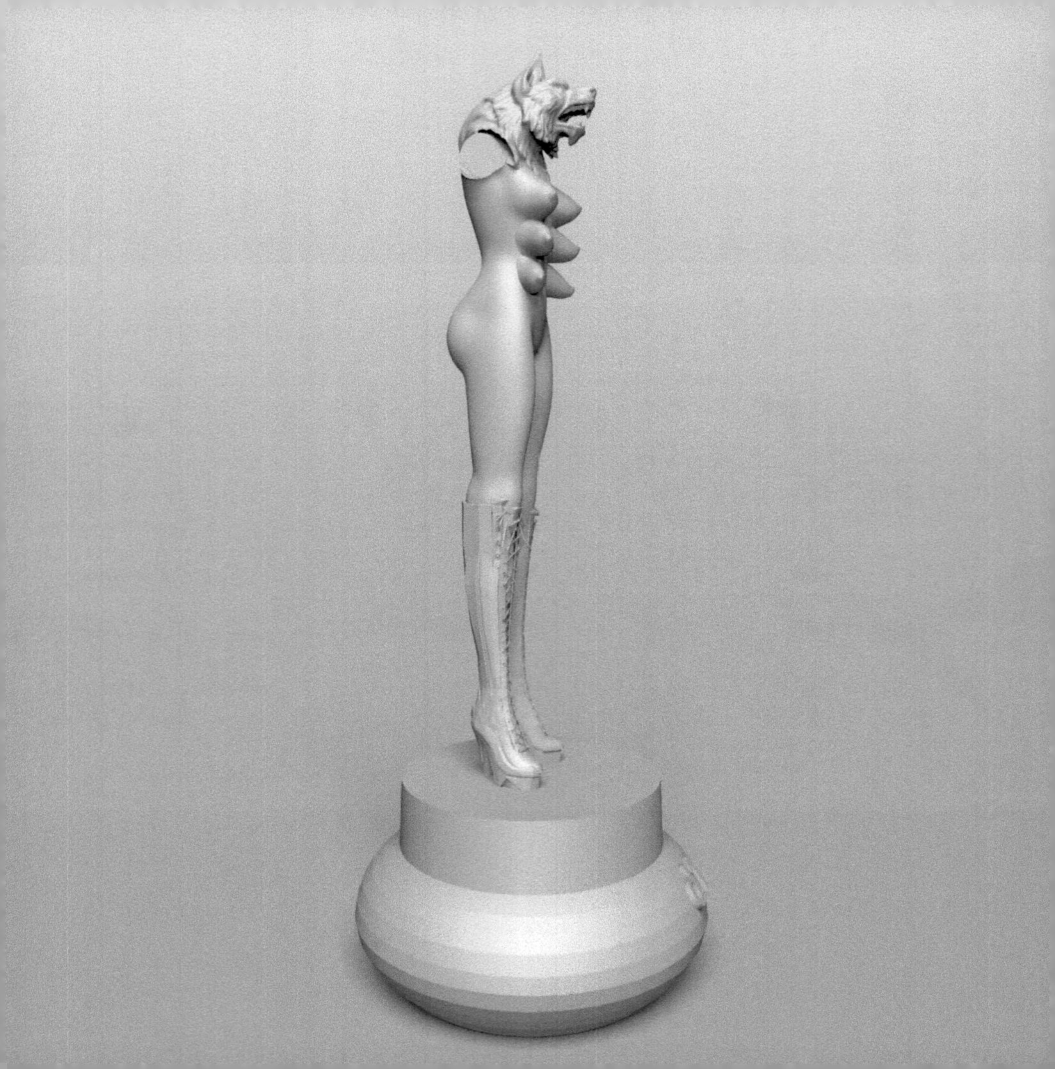

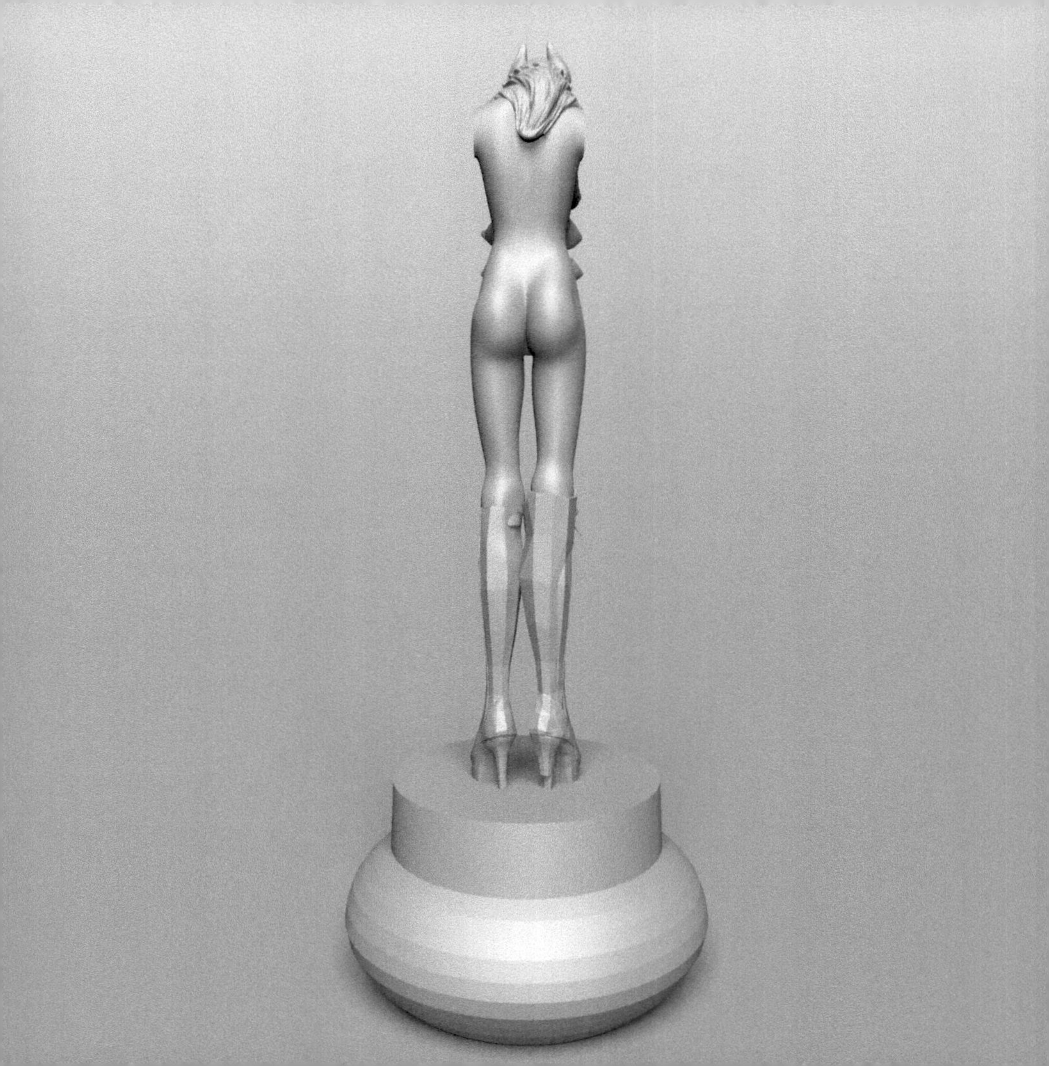

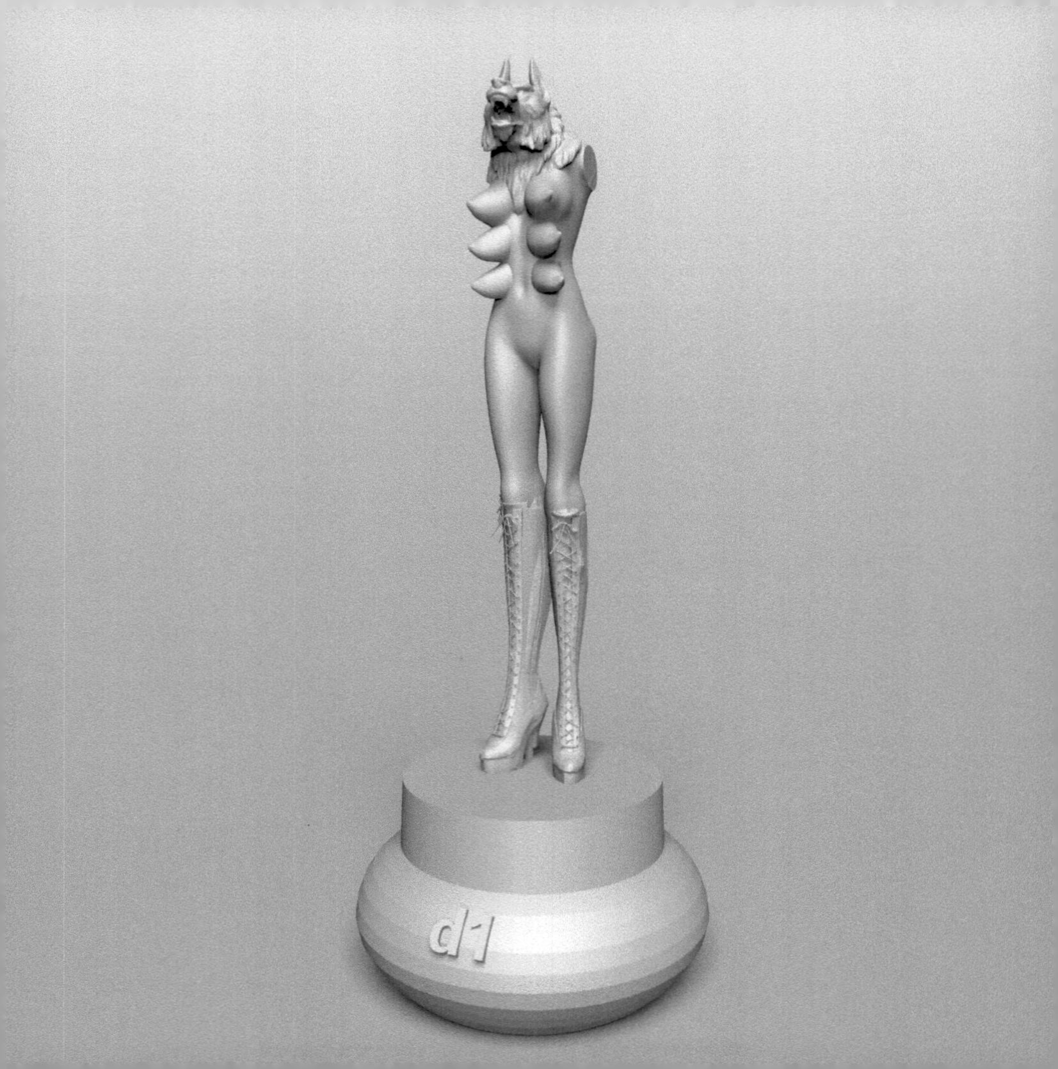
d1

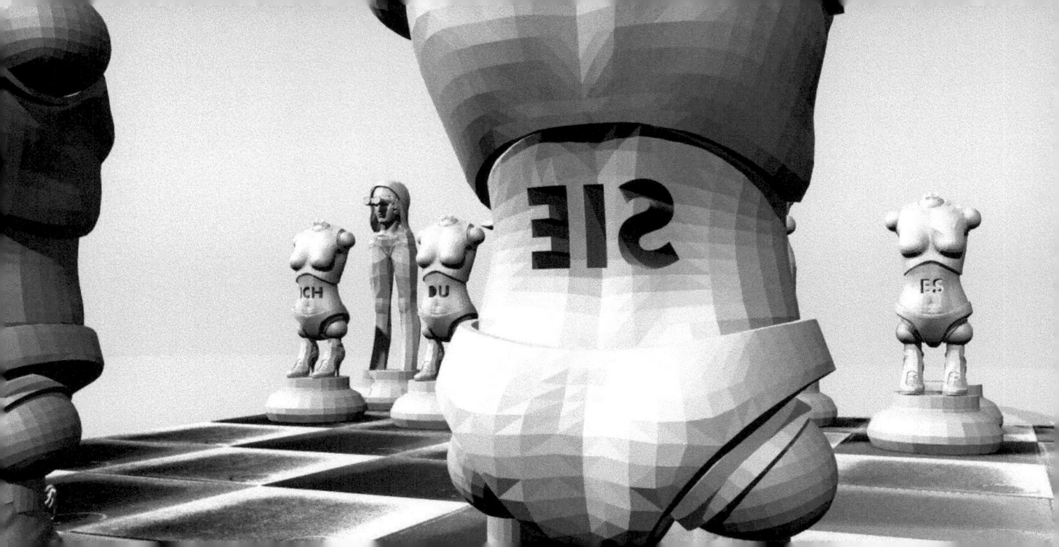
ICH
DU
SIE
ES

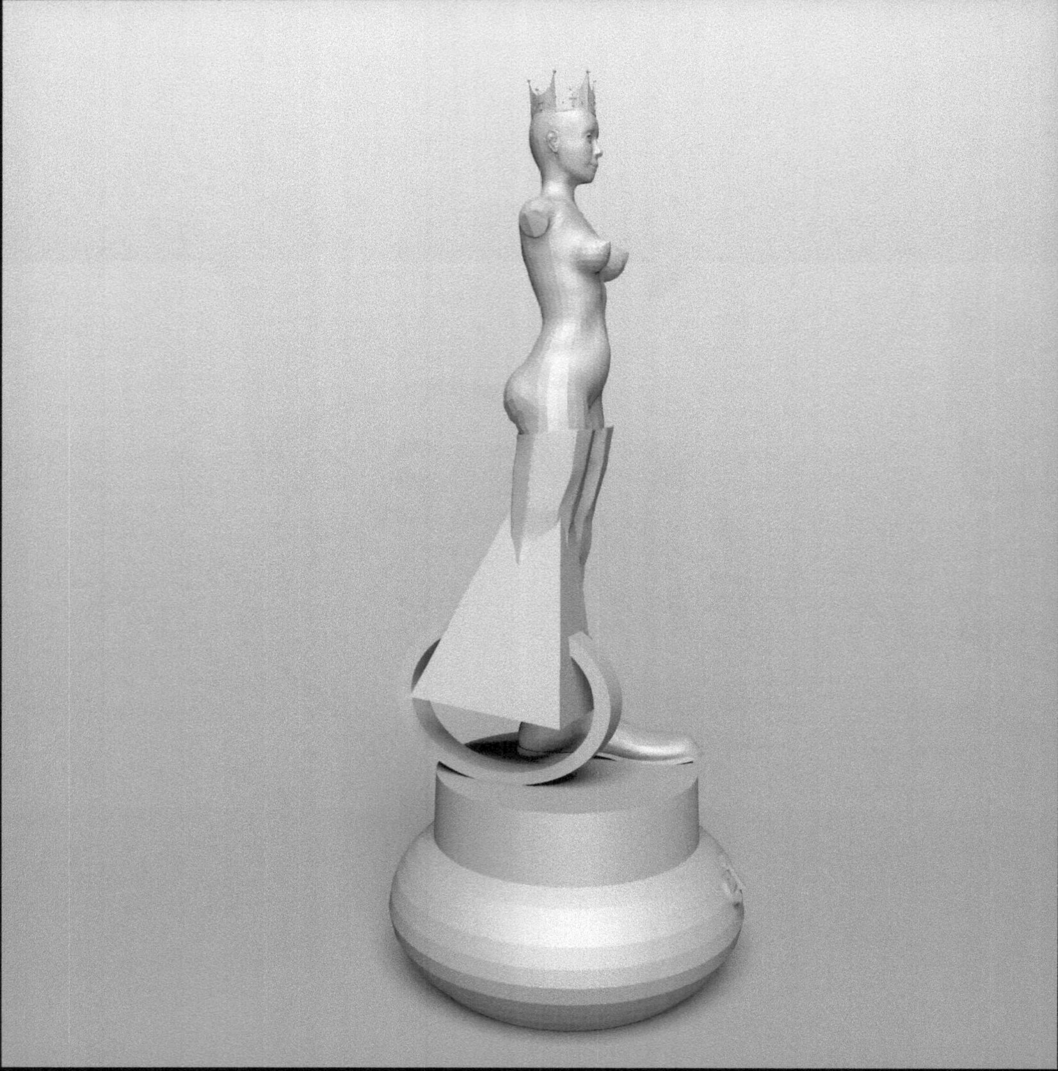

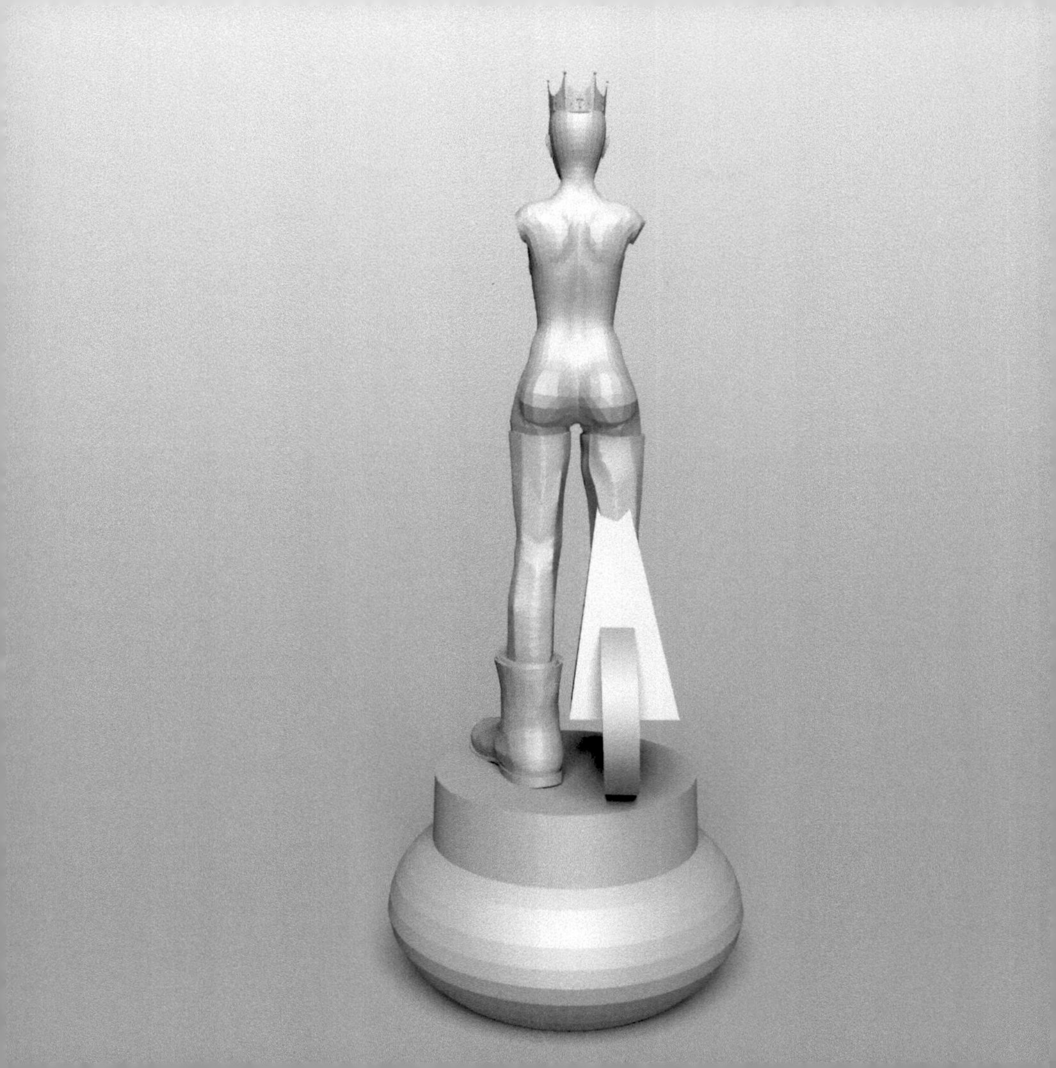

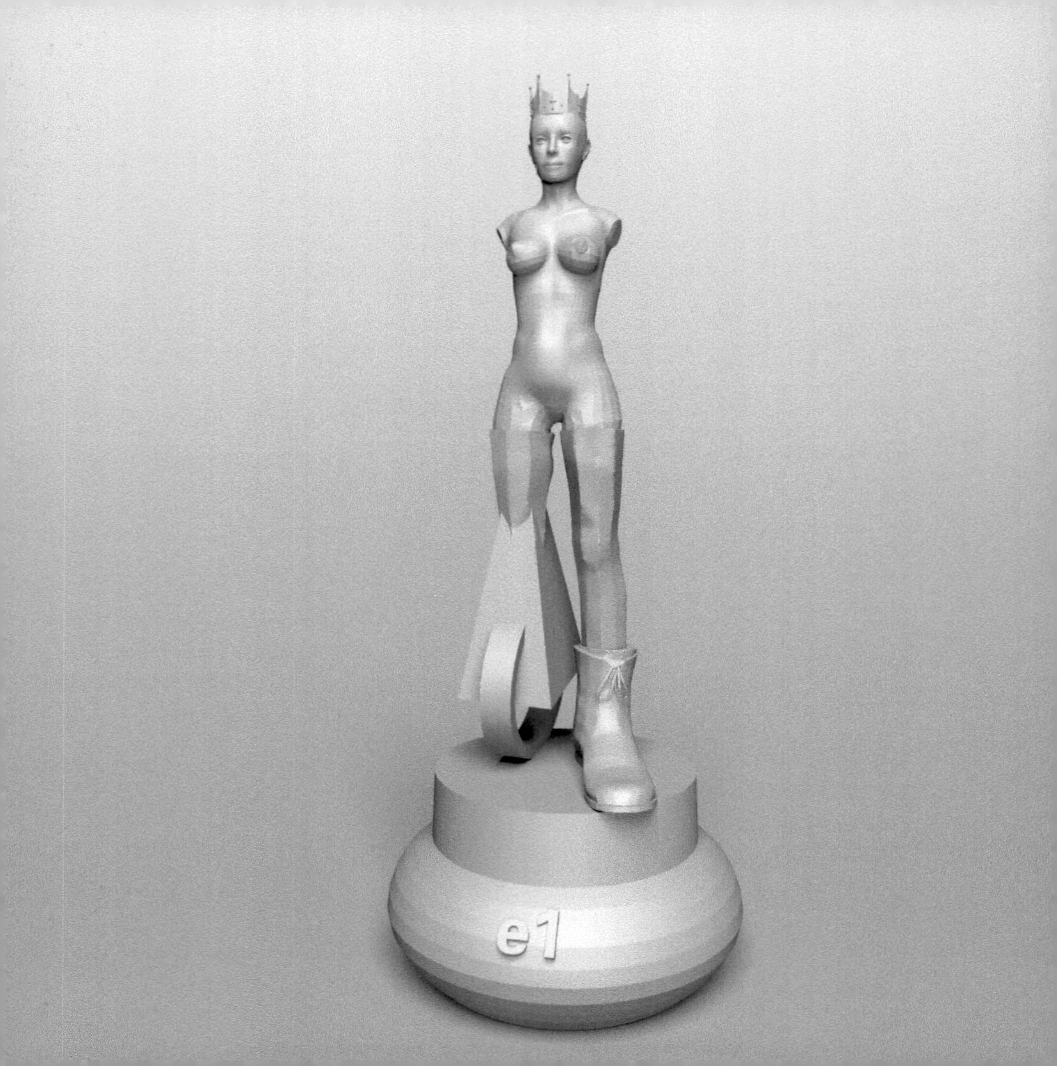
e1

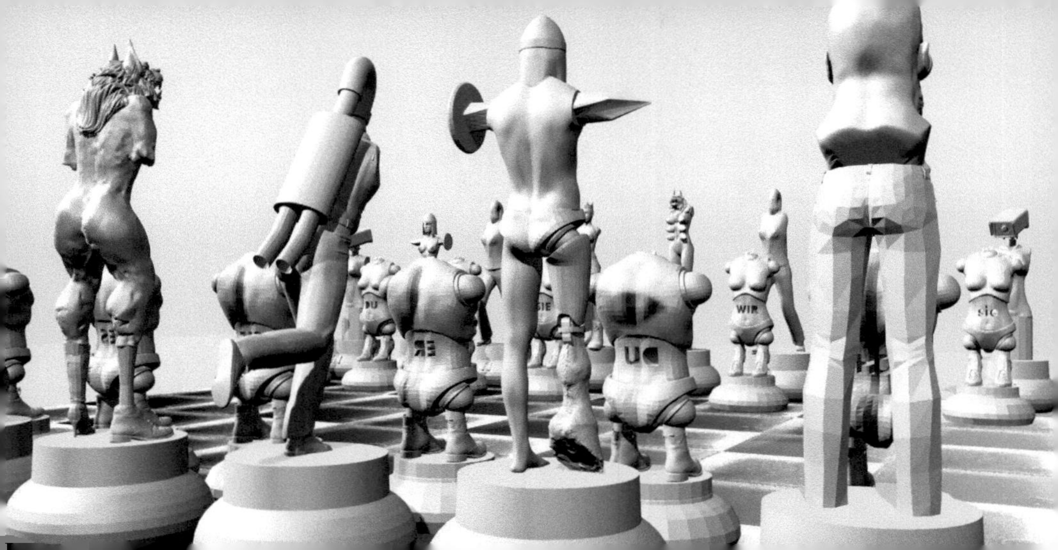
DU
SIE
WIR
sie

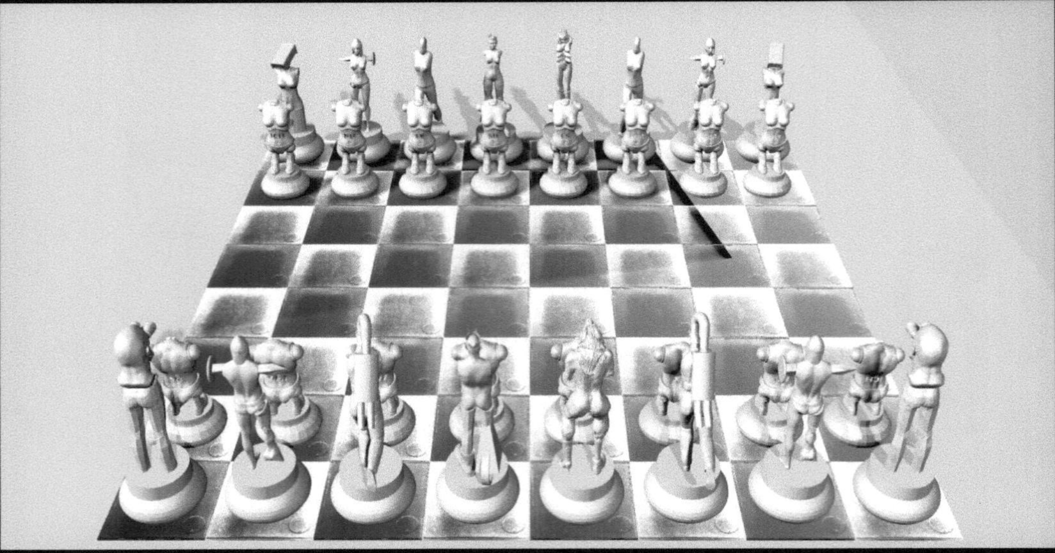

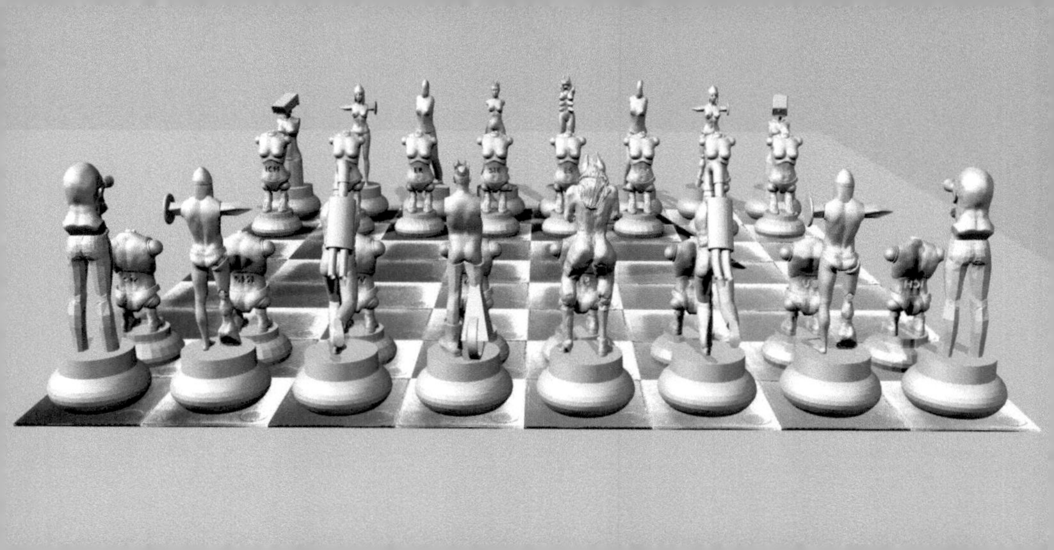
ICH
ER
ICH

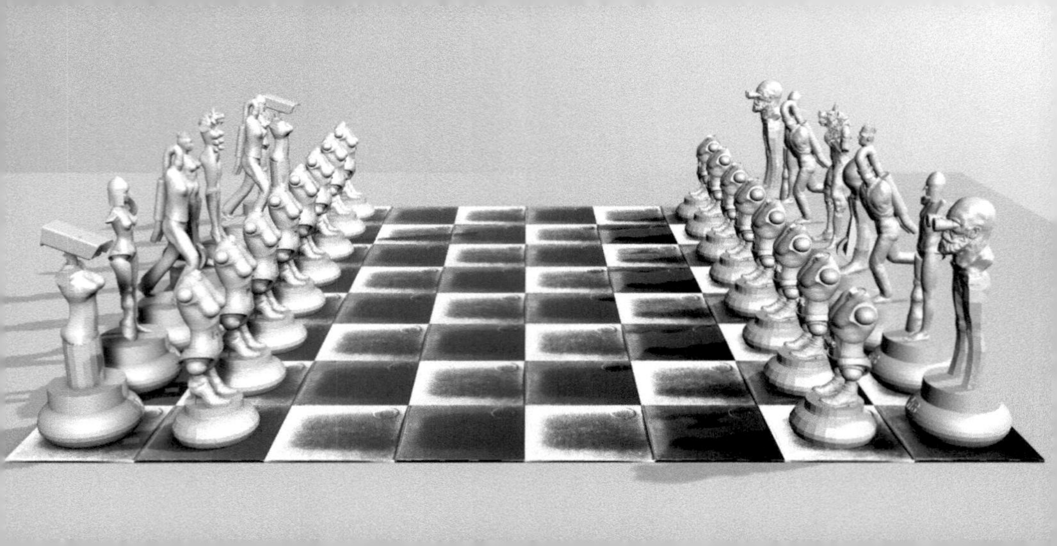